前　　言

为顺应国税地税征管体改革需要，帮助广大税务干部全面学习全税种知识和纳税服务实务操作，我们组织了参与过全国税务机关纳税服务规范起草部分成员、原国税地税办税服务厅业务骨干、湖南税专老师、辽宁税专老师共同编写了《办税服务厅业务指南大全》，最后由刘慧平定稿主编。该书分为上、中、下三册：(上册)税收政策解析，(中册)办税业务指南，(下册)纳税服务制度。本书具体三个特点：

一是注重实用性。紧扣办税服务厅人员应知应会的常识性问题取舍编写内容，力求将本书编成办税服务厅人员方便携带的“随身看”和办税指引。

二是注重可读性。用通俗浅显的语言介绍办税知识，并适当穿插“温馨提示”“延展阐述”“案例解说”等内容，力求让税务干部一看就懂。

三是注重准确性。严格按照税收法律、法规、规章和规范性文件的规定进行编写，具体税收政策截至2018年6月。

(上册)税收政策解析。主要对由税务机关负责征收的所有税种的常用知识、基本政策和关键知识点进行解释及辅导。

(中册)办税指南。主要从信息报告、发票办理、纳税申报、优惠办理、证明办理、出口退(免)税、国际税收、清税注销等内容进行编写，力求实用、规范、准确。可以作为办税服务厅指导工具书。

(下册)纳税服务制度。为帮助广大税务干部熟悉和掌握近年来颁布的纳税服务工作方面的法规和规章制度，做好纳税服务工作，将相关纳税服务制度进行归类整理，并对容易混淆的知识点进行解读。

编者

2018年9月

税务机关办税服务厅
业务指南大全（全三册）

上 税收政策解析

刘慧平○主编

立信会计出版社
LIXIN ACCOUNTING PUBLISHING HOUSE

图书在版编目(CIP)数据

税务机关办税服务厅业务指南大全：全三册/刘慧平主编. —上海：立信会计出版社，2018. 9

ISBN 978 - 7 - 5429 - 5892 - 1

Ⅰ. ①税… Ⅱ. ①刘… Ⅲ. ①税务部门—税务工作—中国—指南 Ⅳ. ①F812. 42-62

中国版本图书馆 CIP 数据核字(2018)第 169134 号

策划编辑 张巧玲

责任编辑 张巧玲 杨 帆

封面设计 南房间

税务机关办税服务厅业务指南大全(全三册)

出版发行	立信会计出版社		
地　　址	上海市中山西路 2230 号	邮政编码	200235
电　　话	(021)64411389	传　　真	(021)64411325
网　　址	www. lixinaph. com	电子邮箱	lxaph@sh163. net
网上书店	www. shlx. net	电　　话	(021)64411071
经　　销	各地新华书店		
印　　刷	河北鑫兆源印刷有限公司		
开　　本	787 毫米×1092 毫米	1/16	
印　　张	41. 5		
字　　数	852 千字		
版　　次	2018 年 9 月第 1 版		
印　　次	2018 年 9 月第 1 次		
书　　号	ISBN 978 - 7 - 5429 - 5892 - 1/F		
定　　价	119. 00 元		

目　录

第一章

货物和劳务税类

第一节　增　值　税

增值税是对在中华人民共和国境内销售货物或者加工、修理修配劳务(以下简称劳务),销售服务、无形资产、不动产以及进口货物的单位和个人取得的增值额为课税对象征收的一种税。增值税纳税人划分为一般纳税人和小规模纳税人两种类型。

一、征税范围

在中华人民共和国境内销售货物或者加工、修理修配劳务(以下简称劳务),销售服务、无形资产、不动产以及进口货物的单位和个人,为增值税的纳税人。

【延展阐述】

货物,是指有形动产,包括电力、热力、气体在内。

加工,是指受托加工货物,即委托方提供原料及主要材料,受托方按照委托方的要求,制造货物并收取加工费的业务。

修理修配,是指受托对损伤和丧失功能的货物进行修复,使其恢复原状和功能的业务。

销售服务,是指提供交通运输服务、邮政服务、电信服务、建筑服务、金融服务、现代服务、生活服务。

销售无形资产,是指转让无形资产所有权或者使用权的业务活动。

销售不动产,是指转让不动产所有权的业务活动。

交通运输服务,是指利用运输工具将货物或者旅客送达目的地,使其空间位置得到转移的业务活动。包括陆路运输服务、水路运输服务、航空运输服务和管道运输服务。

邮政服务，是指中国邮政集团公司及其所属邮政企业提供邮件寄递、邮政汇兑和机要通信等邮政基本服务的业务活动。包括邮政普遍服务、邮政特殊服务和其他邮政服务。

电信服务，是指利用有线、无线的电磁系统或者光电系统等各种通信网络资源，提供语音通话服务，传送、发射、接收或者应用图像、短信等电子数据和信息的业务活动。包括基础电信服务和增值电信服务。

建筑服务，是指各类建筑物、构筑物及其附属设施的建造、修缮、装饰，线路、管道、设备、设施等的安装以及其他工程作业的业务活动。包括工程服务、安装服务、修缮服务、装饰服务和其他建筑服务。

金融服务，是指经营金融保险的业务活动。包括贷款服务、直接收费金融服务、保险服务和金融商品转让。

现代服务，是指围绕制造业、文化产业、现代物流产业等提供技术性、知识性服务的业务活动。包括研发和技术服务、信息技术服务、文化创意服务、物流辅助服务、租赁服务、鉴证咨询服务、广播影视服务、商务辅助服务和其他现代服务。

生活服务，是指为满足城乡居民日常生活需求提供的各类服务活动。包括文化体育服务、教育医疗服务、旅游娱乐服务、餐饮住宿服务、居民日常服务和其他生活服务。

无形资产，是指不具实物形态，但能带来经济利益的资产，包括技术、商标、著作权、商誉、自然资源使用权和其他权益性无形资产。

不动产，是指不能移动或者移动后会引起性质、形状改变的财产，包括建筑物、构筑物等。

单位，是指企业、行政单位、事业单位、军事单位、社会团体及其他单位；

个人，是指个体工商户和其他个人。

二、增值税一般纳税人

（一）认定范围

（1）增值税纳税人（以下简称“纳税人”），年应税销售额超过财政部、国家税务总局规定的小规模纳税人标准（以下简称“规定标准”）的，除另有规定外，应当向主管税务机关办理一般纳税人登记。

（2）年应税销售额未超过规定标准的纳税人，会计核算健全，能够提供准确税务资料的，可以向主管税务机关办理一般纳税人登记。

【延展阐述】

（1）下列纳税人不办理一般纳税人登记：

① 按照政策规定，选择按照小规模纳税人纳税的。

② 年应税销售额超过规定标准的其他个人。

(2) 会计核算健全，是指能够按照国家统一的会计制度规定设置账簿，根据合法、有效凭证进行核算。

(二) 认定标准

增值税小规模纳税人标准为年应征增值税销售额500万元以下(不含本数)。

【延展阐述】

(1) 转登记日前连续12个月(以1个月为1个纳税期，下同)或者连续4个季度(以1个季度为1个纳税期，下同)累计应征增值税销售额(以下称应税销售额)未超过500万元，已登记为增值税一般纳税人的单位和个人，在2018年12月31日前，可转登记为小规模纳税人。

(2) 一般纳税人转登记为小规模纳税人(以下称转登记纳税人)后，自转登记日的下期起，按照简易计税方法计算缴纳增值税；转登记日当期仍按照一般纳税人的有关规定计算缴纳增值税。

(3) 转登记纳税人尚未申报抵扣的进项税额以及转登记日当期的期末留抵税额，计入"应交税费——待抵扣进项税额"核算。

尚未申报抵扣的进项税额计入"应交税费——待抵扣进项税额"时：

① 转登记日当期已经取得的增值税专用发票、机动车销售统一发票、收费公路通行费增值税电子普通发票，应当已经通过增值税发票选择确认平台进行选择确认或认证后稽核比对相符；经稽核比对异常的，应当按照现行规定进行核查处理。已经取得的海关进口增值税专用缴款书，经稽核比对相符的，应当自行下载《海关进口增值税专用缴款书稽核结果通知书》；经稽核比对异常的，应当按照现行规定进行核查处理。

② 转登记日当期尚未取得的增值税专用发票、机动车销售统一发票、收费公路通行费增值税电子普通发票，转登记纳税人在取得上述发票以后，应当持税控设备，由主管税务机关通过增值税发票选择确认平台(税务局端)为其办理选择确认。尚未取得的海关进口增值税专用缴款书，转登记纳税人在取得以后，经稽核比对相符的，应当由主管税务机关通过稽核系统为其下载《海关进口增值税专用缴款书稽核结果通知书》；经稽核比对异常的，应当按照现行规定进行核查处理。

(4) 转登记纳税人在一般纳税人期间销售或者购进的货物、劳务、服务、无形资产、不动产，自转登记日的下期起发生销售折让、中止或者退回的，调整转登记日当期的销项税额、进项税额和应纳税额。

① 调整后的应纳税额小于转登记日当期申报的应纳税额形成的多缴税款，从发生销售折让、中止或者退回当期的应纳税额中抵减；不足抵减的，结转下期继续抵减。

② 调整后的应纳税额大于转登记日当期申报的应纳税额形成的少缴税款，从"应交

税费——待抵扣进项税额”中抵减；抵减后仍有余额的，计入发生销售折让、中止或者退回当期的应纳税额一并申报缴纳。

转登记纳税人因税务稽查、补充申报等原因，需要对一般纳税人期间的销项税额、进项税额和应纳税额进行调整的，按照上述规定处理。

（5）转登记纳税人可以继续使用现有税控设备开具增值税发票，不需要缴销税控设备和增值税发票。

转登记纳税人自转登记日的下期起，发生增值税应税销售行为，应当按照征收率开具增值税发票；转登记日前已作增值税专用发票票种核定的，继续通过增值税发票管理系统自行开具增值税专用发票；销售其取得的不动产，需要开具增值税专用发票的，应当按照有关规定向税务机关申请代开。

（6）转登记纳税人在一般纳税人期间发生的增值税应税销售行为，未开具增值税发票需要补开的，应当按照原适用税率或者征收率补开增值税发票；发生销售折让、中止或者退回等情形，需要开具红字发票的，按照原蓝字发票记载的内容开具红字发票；开票有误需要重新开具的，先按照原蓝字发票记载的内容开具红字发票后，再重新开具正确的蓝字发票。

转登记纳税人发生上述行为，需要按照原适用税率开具增值税发票的，应当在互联网连接状态下开具。按照有关规定不使用网络办税的特定纳税人，可以通过离线方式开具增值税发票。

（7）纳税人兼有销售货物、提供加工修理修配劳务（以下称“应税货物及劳务”）和销售服务、无形资产、不动产（以下称“应税行为”）的，不再分别适用增值税一般纳税人登记标准。

（8）纳税人在年应税销售额超过规定标准的月份（或季度）的所属申报期结束后15日内按照规定办理相关手续；未按规定时限办理的，主管税务机关应当在规定时限结束后5日内制作《税务事项通知书》，告知纳税人应当在5日内向主管税务机关办理相关手续；逾期仍不办理的，次月起按销售额依照增值税税率计算应纳税额，不得抵扣进项税额，直至纳税人办理相关手续为止。

【温馨提示】

（1）年应税销售额，是指纳税人在连续不超过12个月或四个季度的经营期内累计应征增值税销售额，包括纳税申报销售额、稽查查补销售额、纳税评估调整销售额。

（2）销售服务、无形资产或者不动产（以下简称“应税行为”）有扣除项目的纳税人，其应税行为年应税销售额按未扣除之前的销售额计算。纳税人偶然发生的销售无形资产、转让不动产的销售额，不计入应税行为年应税销售额。

（3）生效之日，是指纳税人办理登记的当月1日或者次月1日，由纳税人在办理登记手续时自行选择。

(三) 税率

增值税税率有4档：16%，10%，6%和零。

(1) 纳税人销售货物、劳务、有形动产租赁服务或者进口货物，除本条第二项、第四项、第五项另有规定外，税率为16%。

(2) 纳税人销售交通运输、邮政、基础电信、建筑、不动产租赁服务，销售不动产，转让土地使用权，销售或者进口下列货物，税率为10%：

① 粮食等农产品、食用植物油、食用盐。

② 自来水、暖气、冷气、热水、煤气、石油液化气、天然气、二甲醚、沼气、居民用煤炭制品。

③ 图书、报纸、杂志、音像制品、电子出版物。

④ 饲料、化肥、农药、农机、农膜。

⑤ 国务院规定的其他货物。

(3) 纳税人销售服务、无形资产，除本条第一项、第二项、第五项另有规定外，税率为6%。

(4) 纳税人出口货物，税率为零；但是，国务院另有规定的除外。

(5) 境内单位和个人跨境销售国务院规定范围内的服务、无形资产，税率为零。

税率的调整，由国务院决定。

【温馨提示】

纳税人销售货物、劳务、服务、无形资产或者不动产适用不同税率或者征收率的，应当分别核算适用不同税率或者征收率的销售额，未分别核算销售额的，从高适用征收率。

(四) 应纳税额的计算

1. 一般计税方法

一般纳税人发生应税行为适用一般计税方法计税。

一般计税方法的应纳税额，是指当期销项税额抵扣当期进项税额后的余额。应纳税额计算公式：

$$应纳税额=当期销项税额-当期进项税额$$

当期销项税额小于当期进项税额不足抵扣时，其不足部分可以结转下期继续抵扣。

(1) 销项税额，是指纳税人发生应税行为按照销售额和增值税税率计算并收取的增值税额。销项税额计算公式：

$$销项税额=销售额\times税率$$

一般计税方法的销售额不包括销项税额，纳税人采用销售额和销项税额合并定价方法的，按照下列公式计算销售额：

销售额＝含税销售额÷(1＋税率)

【案例解说】

某增值税一般纳税人批发办公用品一批，开出增值税专用发票，销售额为10 000元，税额1 600元，零售办公用品，开出增值税普通发票收取销售额116元，则：

该笔业务的应税销售额＝10 000＋116÷(1＋16%)＝10 100(元)

该笔业务的销项税额＝10 100×16%＝1 616(元)

(2) 进项税额，是指纳税人购进货物、劳务、服务、无形资产或者不动产，支付或者负担的增值税额。

下列进项税额准予从销项税额中抵扣：

① 从销售方取得的增值税专用发票(含税控机动车销售统一发票，下同)上注明的增值税额。

② 从海关取得的海关进口增值税专用缴款书上注明的增值税额。

③ 购进农产品，除取得增值税专用发票或者海关进口增值税专用缴款书外，按照农产品收购发票或者销售发票上注明的农产品买价和10%的扣除率计算的进项税额，国务院另有规定的除外。计算公式为：

进项税额＝买价×扣除率

买价，是指纳税人购进农产品在农产品收购发票或者销售发票上注明的价款和按照规定缴纳的烟叶税。

从境外单位或者个人购进服务、无形资产或者不动产，自税务机关或者扣缴义务人取得的解缴税款的完税凭证上注明的增值税额。

纳税人取得的增值税扣税凭证不符合法律、行政法规或者国家税务总局有关规定的，其进项税额不得从销项税额中抵扣。

【延展阐述】

(1) 增值税扣税凭证，是指增值税专用发票、海关进口增值税专用缴款书、农产品收购发票、农产品销售发票和完税凭证。

(2) 纳税人凭完税凭证抵扣进项税额的，应当具备书面合同、付款证明和境外单位的对账单或者发票。资料不全的，其进项税额不得从销项税额中抵扣。

下列项目的进项税额不得从销项税额中抵扣：

① 用于简易计税方法计税项目、免征增值税项目、集体福利或者个人消费的购进货物、劳务、服务、无形资产和不动产。其中涉及的固定资产、无形资产、不动产，仅指专用于上述项目的固定资产、无形资产(不包括其他权益性无形资产)、不动产。

纳税人的交际应酬消费属于个人消费。

自2018年1月1日起，租入固定资产、不动产，既用于一般计税方法计税项目，又用于简易计税方法计税项目、免征增值税项目、集体福利或者个人消费的，其进项税额准予从销项税额中全额抵扣。

② 非正常损失的购进货物，以及相关的劳务和交通运输服务。

③ 非正常损失的在产品、产成品所耗用的购进货物（不包括固定资产）、加工修理修配劳务和交通运输服务。

④ 非正常损失的不动产，以及该不动产所耗用的购进货物、设计服务和建筑服务。

⑤ 非正常损失的不动产在建工程所耗用的购进货物、设计服务和建筑服务。

纳税人新建、改建、扩建、修缮、装饰不动产，均属于不动产在建工程。

⑥ 购进的旅客运输服务、贷款服务、餐饮服务、居民日常服务和娱乐服务。

⑦ 财政部和国家税务总局规定的其他情形。

本条第④项、第⑤项所称货物，是指构成不动产实体的材料和设备，包括建筑装饰材料和给排水、采暖、卫生、通风、照明、通讯、煤气、消防、中央空调、电梯、电气、智能化楼宇设备及配套设施。

固定资产，是指使用期限超过12个月的机器、机械、运输工具以及其他与生产经营有关的设备、工具、器具等有形动产。

非正常损失，是指因管理不善造成货物被盗、丢失、霉烂变质，以及因违反法律法规造成货物或者不动产被依法没收、销毁、拆除的情形。

⑧ 纳税人接受贷款服务向贷款方支付的与该笔贷款直接相关的投融资顾问费、手续费、咨询费等费用，其进项税额不得从销项税额中抵扣。

【温馨提示】

(1) 适用一般计税方法的纳税人，兼营简易计税方法计税项目、免征增值税项目而无法划分不得抵扣的进项税额，按照下列公式计算不得抵扣的进项税额：

$$\text{不得抵扣的进项税额}=\text{当期无法划分的全部进项税额}\times\left(\text{当期简易计税方法计税项目销售额}+\text{免征增值税项目销售额}\right)\div\text{当期全部销售额}$$

(2) 主管税务机关可以按照上述公式依据年度数据对不得抵扣的进项税额进行清算。

纳税人适用一般计税方法计税的，因销售折让、中止或者退回而退还给购买方的增值税额，应当从当期的销项税额中扣减；因销售折让、中止或者退回而收回的增值税额，应当从当期的进项税额中扣减。

2. 简易计税方法

一般纳税人发生财政部和国家税务总局规定的特定应税行为，可以选择适用简易计税方法计税,但一经选择,36 个月内不得变更。

简易计税方法的应纳税额,是指按照销售额和增值税征收率计算的增值税额,不得抵扣进项税额。应纳税额计算公式:

应纳税额=销售额×征收率

简易计税方法的销售额不包括其应纳税额,纳税人采用销售额和应纳税额合并定价方法的,按照下列公式计算销售额:

销售额=含税销售额÷(1+征收率)

纳税人适用简易计税方法计税的,因销售折让、中止或者退回而退还给购买方的销售额,应当从当期销售额中扣减。扣减当期销售额后仍有余额造成多缴的税款,可以从以后的应纳税额中扣减。

三、增值税小规模纳税人

(一) 认定范围

增值税小规模纳税人标准为年应征增值税销售额 500 万元及以下。

按照政策规定,选择按照小规模纳税人纳税的。

年应税销售额超过规定标准的其他个人。

(二) 征收率

增值税征收率为 3%,财政部和国家税务总局另有规定的除外。

【延展阐述】

(1) 销售不动产:

① 一般纳税人销售其 2016 年 4 月 30 日前取得的不动产,可以选择适用简易计税方法,按照 5%的征收率计算应纳税额。

② 小规模纳税人销售其取得的不动产(不含个体工商户销售购买的住房和其他个人销售不动产),按照 5%的征收率计算应纳税额。

③ 房地产开发企业中的一般纳税人,销售自行开发的房地产老项目,可以选择适用简易计税方法按照 5%的征收率计税。

④ 房地产开发企业中的小规模纳税人,销售自行开发的房地产项目,按照 5%的征收率计税。

⑤ 其他个人销售其取得(不含自建)的不动产(不含其购买的住房),按照 5%的征收率计算应纳税额。

(2) 不动产经营租赁服务:

① 一般纳税人出租其 2016 年 4 月 30 日前取得的不动产,可以选择适用简易计税方

法，按照5％的征收率计算应纳税额。

② 小规模纳税人出租其取得的不动产（不含个人出租住房），应按照5％的征收率计算应纳税额。

③ 其他个人出租其取得的不动产（不含住房），应按照5％的征收率计算应纳税额。

④ 个人出租住房，应按照5％的征收率减按1.5％计算应纳税额。

中外合作开采的原油、天然气，应按照5％的征收率计算应纳税额。

（三）应纳增值税税额的计算

简易计税方法的应纳税额，是指按照销售额和增值税征收率计算的增值税额，不得抵扣进项税额。应纳税额计算公式：

应纳税额＝销售额×征收率

简易计税方法的销售额不包括其应纳税额，纳税人采用销售额和应纳税额合并定价方法的，按照下列公式计算销售额：

销售额＝含税销售额÷（1＋征收率）

纳税人适用简易计税方法计税的，因销售折让、中止或者退回而退还给购买方的销售额，应当从当期销售额中扣减。扣减当期销售额后仍有余额造成多缴的税款，可以从以后的应纳税额中扣减。

【温馨提示】

全国范围内月销售额超过3万元（或季销售额超过9万元）的住宿业、鉴证咨询业、建筑业、工业以及信息传输、软件和信息技术服务业增值税小规模纳税人（以下简称“试点纳税人”）发生增值税应税行为，需要开具增值税专用发票的，可以通过增值税发票管理新系统自行开具。但以上纳税人销售其取得的不动产，需要开具增值税专用发票的，仍须向税务机关申请代开。

【案例解说】

某企业为增值税小规模纳税人，主要从事汽车修理和装潢业务。2018年一季度，提供汽车修理业务取得收入82 400元，装潢业务取得收入21 200元，计算该企业应纳增值税。

应纳增值税＝（82 400＋20 600）÷（1＋3％）×3％＝3 000（元）

【延展阐述】

(1) 单位或者个体工商户的下列行为，视同销售货物：

① 将货物交付其他单位或者个人代销。

② 销售代销货物。

③ 设有两个以上机构并实行统一核算的纳税人，将货物从一个机构移送其他机构用于销售，但相关机构设在同一县（市）的除外。

④ 将自产、委托加工的货物用于集体福利或者个人消费。

⑤ 将自产、委托加工或者购进的货物作为投资，提供给其他单位或者个体工商户。

⑥ 将自产、委托加工或者购进的货物分配给股东或者投资者。

⑦ 将自产、委托加工或者购进的货物无偿赠送其他单位或者个人。

(2) 下列情形视同销售服务、无形资产或者不动产：

① 单位或者个体工商户向其他单位或者个人无偿提供服务，但用于公益事业或者以社会公众为对象的除外。

② 单位或者个人向其他单位或者个人无偿转让无形资产或者不动产，但用于公益事业或者以社会公众为对象的除外。

③ 财政部和国家税务总局规定的其他情形。

四、免税项目及起征点

(一) 免税项目

对月销售额 3 万元以下，季度销售额 9 万元以下的纳税人，免征增值税。

下列项目免征增值税：

(1) 农业生产者销售的自产农产品。

(2) 避孕药品和用具。

(3) 古旧图书。

(4) 直接用于科学研究、科学试验和教学的进口仪器、设备。

(5) 外国政府、国际组织无偿援助的进口物资和设备。

(6) 由残疾人的组织直接进口供残疾人专用的物品。

(7) 从事蔬菜批发零售的纳税人销售的蔬菜。

(8) 从事农产品批发、零售的纳税人销售部分鲜活肉蛋产品。

(9) 销售的自己使用过的物品。

(10) 托儿所、幼儿园提供的保育和教育服务。

(11) 养老机构提供的养老服务。

(12) 残疾人福利机构提供的育养服务。

(13) 婚姻介绍服务。

(14) 殡葬服务。

(15) 残疾人员本人为社会提供的服务。

(16) 医疗机构提供的医疗服务。

(17) 从事学历教育的学校提供的教育服务。

（18）学生勤工俭学提供的服务。

（19）农业机耕、排灌、病虫害防治、植物保护、农牧保险以及相关技术培训业务，家禽、牲畜、水生动物的配种和疾病防治。

（20）纪念馆、博物馆、文化馆、文物保护单位管理机构、美术馆、展览馆、书画院、图书馆在自己的场所提供文化体育服务取得的第一道门票收入。

（21）寺院、宫观、清真寺和教堂举办文化、宗教活动的门票收入。

（22）行政单位之外的其他单位收取的符合《试点实施办法》第十条规定条件的政府性基金和行政事业性收费。

（23）个人转让著作权。

（24）个人销售自建自用住房。

（25）2018 年 12 月 31 日前，公共租赁住房经营管理单位出租公共租赁住房。

（26）台湾航运公司、航空公司从事海峡两岸海上直航、空中直航业务在大陆取得的运输收入。

（27）纳税人提供的直接或者间接国际货物运输代理服务。

（28）以下利息收入。

① 自 2017 年 12 月 1 日至 2019 年 12 月 31 日，对金融机构向农户、小型企业、微型企业及个体工商户发放小额贷款。

② 国家助学贷款。

③ 国债、地方政府债。

④ 人民银行对金融机构的贷款。

⑤ 住房公积金管理中心用住房公积金在指定的委托银行发放的个人住房贷款。

⑥ 外汇管理部门在从事国家外汇储备经营过程中，委托金融机构发放的外汇贷款。

⑦ 统借统还业务中，企业集团或企业集团中的核心企业以及集团所属财务公司按不高于支付给金融机构的借款利率水平或者支付的债券票面利率水平，向企业集团或者集团内下属单位收取的利息。

⑧ 被撤销金融机构以货物、不动产、无形资产、有价证券、票据等财产清偿债务。

⑨ 保险公司开办的一年期以上人身保险产品取得的保费收入。

（29）下列金融商品转让收入。

① 合格境外投资者（QFII）委托境内公司在我国从事证券买卖业务。

② 香港市场投资者（包括单位和个人）通过沪港通买卖上海证券交易所上市 A 股。

③ 对香港市场投资者（包括单位和个人）通过基金互认买卖内地基金份额。

④ 证券投资基金（封闭式证券投资基金，开放式证券投资基金）管理人运用基金买卖股票、债券。

⑤ 个人从事金融商品转让业务。

（30）金融同业往来利息收入。

① 金融机构与人民银行所发生的资金往来业务。

② 银行联行往来业务。

③ 金融机构间的资金往来业务。

④ 金融机构之间开展的转贴现业务。

【延展阐述】

金融机构是指：

（1）银行：包括人民银行、商业银行、政策性银行。

（2）信用合作社。

（3）证券公司。

（4）金融租赁公司、证券基金管理公司、财务公司、信托投资公司、证券投资基金。

（5）保险公司。

（6）其他经人民银行、银监会、证监会、保监会批准成立且经营金融保险业务的机构等。

（31）符合条件的担保机构从事中小企业信用担保或者再担保业务取得的收入（不含信用评级、咨询、培训等收入）3年内免征增值税

（32）国家商品储备管理单位及其直属企业承担商品储备任务，从中央或者地方财政取得的利息补贴收入和价差补贴收入。

（33）纳税人提供技术转让、技术开发和与之相关的技术咨询、技术服务。

（34）符合条件的合同能源管理服务。

（35）政府举办的从事学历教育的高等、中等和初等学校（不含下属单位），举办进修班、培训班取得的全部归该学校所有的收入。

（36）政府举办的职业学校设立的主要为在校学生提供实习场所、并由学校出资自办、由学校负责经营管理、经营收入归学校所有的企业，从事《销售服务、无形资产或者不动产注释》中“现代服务”（不含融资租赁服务、广告服务和其他现代服务）、“生活服务”（不含文化体育服务、其他生活服务和桑拿、氧吧）业务活动取得的收入。

（37）家政服务企业由员工制家政服务员提供家政服务取得的收入。

（38）福利彩票、体育彩票的发行收入。

（39）军队空余房产租赁收入。

（40）为了配合国家住房制度改革，企业、行政事业单位按房改成本价、标准价出售住房取得的收入。

（41）将土地使用权转让给农业生产者用于农业生产。

（42）涉及家庭财产分割的个人无偿转让不动产、土地使用权。

(43) 土地所有者出让土地使用权和土地使用者将土地使用权归还给土地所有者。

(44) 县级以上地方人民政府或自然资源行政主管部门出让、转让或收回自然资源使用权(不含土地使用权)。

(45) 随军家属就业。

① 为安置随军家属就业而新开办的企业,自领取税务登记证之日起,其提供的应税服务3年内免征增值税。

② 从事个体经营的随军家属,自办理税务登记事项之日起,其提供的应税服务3年内免征增值税。

(46) 军队转业干部就业。

(二) 增值税起征点规定

个人发生应税行为的销售额未达到增值税起征点的,免征增值税;达到起征点的,全额计算缴纳增值税。

增值税起征点幅度如下:

(1) 按期纳税的,为月销售额5 000～20 000元(含本数)。

(2) 按次纳税的,为每次(日)销售额300～500元(含本数)。

【温馨提示】

(1) 增值税起征点的适用范围限于个人(含个体工商户)。

(2) 增值税起征点不适用于登记为一般纳税人的个体工商户。

五、申报与缴纳

(一) 纳税(扣缴)义务发生时间

增值税纳税义务发生时间,是指增值税纳税义务人发生应税行为应承担纳税义务的起始时间。

增值税扣缴义务发生时间,是指扣缴义务人发生扣缴行为应承担扣缴义务的起始时间,为纳税人增值税纳税义务发生的当天。

增值税纳税义务、扣缴义务发生时间为:

(1) 纳税人发生应税行为并收讫销售款项或者取得索取销售款项凭据的当天;先开具发票的,为开具发票的当天。

(2) 纳税人提供租赁服务采取预收款方式的,其纳税义务发生时间为收到预收款的当天;采取预收货款方式销售货物,为货物发出的当天,但生产销售生产工期超过12个月的大型机械设备、船舶、飞机等货物,为收到预收款或者书面合同约定的收款日期的当天。

(3) 纳税人从事金融商品转让的,为金融商品所有权转移的当天。

(4) 采取托收承付和委托银行收款方式销售货物,为发出货物并办妥托收手续的当天。

(5) 采取赊销和分期收款方式销售货物，为书面合同约定的收款日期的当天，无书面合同的或者书面合同没有约定收款日期的，为货物发出的当天。

(6) 委托其他纳税人代销货物，为收到代销单位的代销清单或者收到全部或者部分货款的当天。未收到代销清单及货款的，为发出代销货物满 180 天的当天。

(7) 纳税人发生视同销售情形的，其纳税义务发生时间为货物移送、服务、无形资产转让完成的当天或者不动产权属变更的当天。

(8) 增值税扣缴义务发生时间为纳税人增值税纳税义务发生的当天。

【延展阐述】

收讫销售款项，是指纳税人发生增值税应税行为过程中或者完成后收到款项。

取得索取销售款项凭据的当天，是指书面合同确定的付款日期；未签订书面合同或者书面合同未确定付款日期的，为服务、无形资产转让完成的当天或者不动产权属变更的当天。

(二) 纳税期限

增值税的纳税期限分别为 1 日、3 日、5 日、10 日、15 日、1 个月或者 1 个季度。

纳税人以 1 个月或者 1 个季度为 1 个纳税期的，自期满之日起 15 日内申报纳税；以 1 日、3 日、5 日、10 日或者 15 日为 1 个纳税期的，自期满之日起 5 日内预缴税款，于次月 1 日起 15 日内申报纳税并结清上月应纳税款。

纳税人进口货物，应当自海关填发海关进口增值税专用缴款书之日起 15 日内缴纳税款。

【温馨提示】

(1) 以 1 个季度为纳税期限的规定适用于小规模纳税人、银行、财务公司、信托投资公司、信用社，以及财政部和国家税务总局规定的其他纳税人。

(2) 不能按照固定期限纳税的，可以按次纳税。

(三) 纳税地点

(1) 固定业户应当向其机构所在地或者居住地主管税务机关申报纳税。总机构和分支机构不在同一县(市)的，应当分别向各自所在地的主管税务机关申报纳税；经财政部和国家税务总局或者其授权的财政和税务机关批准，可以由总机构汇总向总机构所在地的主管税务机关申报纳税。

(2) 非固定业户应当向应税行为发生地主管税务机关申报纳税；未申报纳税的，由其机构所在地或者居住地主管税务机关补征税款。

(3) 其他个人提供建筑服务，销售或者租赁不动产，转让自然资源使用权，应向建筑服务发生地、不动产所在地、自然资源所在地主管税务机关申报纳税。

(4) 扣缴义务人应当向其机构所在地或者居住地主管税务机关申报缴纳扣缴的税款。

(5) 进口货物，应当向报关地海关申报纳税。

六、增值税热点知识专题

(一) 差额征税专题

1. 涉及文件(见表1-1)

表1-1　差额征税款及文件

文件	差额征税项目
财税〔2016〕36号文附件二	金融商品转让、经纪代理服务、融资租赁和融资性售后回租、航空运输企业、客运场站服务、旅游服务、建筑服务简易计税方法、房地产销售商品房一般计税方法
《财政部　国家税务总局关于进一步明确全面推开营改增试点有关劳务派遣服务、收费公路通行费抵扣等政策的通知》(财税〔2016〕47号)	劳务派遣、人力资源外包、转让营改增前取得的土地使用权
《国家税务总局关于发布〈纳税人转让不动产增值税征收管理暂行办法〉的公告》(国家税务总局公告2016年第14号)	按照简易计税方法转让二手房，具体又包括三种情况，一般纳税人转让营改增前外购取得的不动产，小规模纳税人转让外购不动产，个人转让外购不动产(住宅有特殊政策)
《国家税务总局关于物业管理服务中收取的自来水水费增值税问题的公告》(国家税务总局公告2016年第54号)	物业公司水费
《财政部　国家税务总局关于进一步明确全面推开营改增试点有关再保险、不动产租赁和非学历教育等政策的通知》(财税〔2016〕68号)	安保服务
《财政部　国家税务总局关于营业税改征增值税试点若干政策的通知》(财税〔2016〕39号)	中国证券登记结算公司、电信企业为公益性机构接受捐款
《国家税务总局关于在境外提供建筑服务等有关问题的公告》(国家税务总局公告2016年第69号)	境外单位通过教育部考试中心及其直属单位在境内开展考试

2. 具体规定

1) 金融商品转让

【政策规定】

(1) 金融商品转让，按照卖出价扣除买入价后的余额为销售额。

(2) 转让金融商品出现的正负差，按盈亏相抵后的余额为销售额。若相抵后出现负差，可结转下一纳税期与下期转让金融商品销售额相抵，但年末时仍出现负差的，不得转入下一个会计年度。

(3) 金融商品的买入价,可以选择按照加权平均法或者移动加权平均法进行核算,选择后36个月内不得变更。

【发票开具】

金融商品转让,不得开具增值税专用发票。

2) 经纪代理服务

【政策规定】

经纪代理服务,以取得的全部价款和价外费用,扣除向委托方收取并代为支付的政府性基金或者行政事业性收费后的余额为销售额。

【发票开具】

向委托方收取的政府性基金或者行政事业性收费,不得开具增值税专用发票。

3) 融资租赁和融资性售后回租业务

【政策规定】

(1) 融资租赁:经人民银行、银监会或者商务部批准从事融资租赁业务的试点纳税人,提供融资租赁服务,以取得的全部价款和价外费用,扣除支付的借款利息(包括外汇借款和人民币借款利息)、发行债券利息和车辆购置税后的余额为销售额。

(2) 融资性售后回租:经人民银行、银监会或者商务部批准从事融资租赁业务的试点纳税人,提供融资性售后回租服务,以取得的全部价款和价外费用(不含本金),扣除对外支付的借款利息(包括外汇借款和人民币借款利息)、发行债券利息后的余额作为销售额。

【发票开具】

(1) 融资租赁:开具全额增值税专用发票或普通发票。

(2) 融资性售后回租:开具全额增值税发票。融资性售后回租业务属于贷款服务范畴,不得开具增值税专用发票。

【延展阐述】

(1) 试点纳税人根据2016年4月30日前签订的有形动产融资性售后回租合同,在合同到期前提供的有形动产融资性售后回租服务,可继续按照有形动产融资租赁服务缴纳增值税。继续按照有形动产融资租赁服务缴纳增值税的试点纳税人,经人民银行、银监会或者商务部批准从事融资租赁业务的,根据2016年4月30日前签订的有形动产融资性售后回租合同,在合同到期前提供的有形动产融资性售后回租服务,可以选择以下方法之一计算销售额:

① 以向承租方收取的全部价款和价外费用,扣除向承租方收取的价款本金,以及对外支付的借款利息(包括外汇借款和人民币借款利息)、发行债券利息后的余额为销售额。

纳税人提供有形动产融资性售后回租服务,计算当期销售额时可以扣除的价款本金,为书面合同约定的当期应当收取的本金。无书面合同或者书面合同没有约定的,为当期实际收取的本金。

试点纳税人提供有形动产融资性售后回租服务，向承租方收取的有形动产价款本金，不得开具增值税专用发票，可以开具普通发票。

② 以向承租方收取的全部价款和价外费用，扣除支付的借款利息（包括外汇借款和人民币借款利息）、发行债券利息后的余额为销售额。

（2）经商务部授权的省级商务主管部门和国家经济技术开发区批准的从事融资租赁业务的试点纳税人，2016 年 5 月 1 日后实收资本达到 1.7 亿元的，从达到标准的当月起按照上述规定执行；2016 年 5 月 1 日后实收资本未达到 1.7 亿元但注册资本达到 1.7 亿元的，在 2016 年 7 月 31 日前仍可按照上述规定执行，2016 年 8 月 1 日后开展的融资租赁业务和融资性售后回租业务不得按照上述点规定执行。

4）航空运输企业

航空运输企业的销售额，不包括代收的机场建设费和代售其他航空运输企业客票而代收转付的价款。

5）客运场站服务

试点纳税人中的一般纳税人（以下称一般纳税人）提供客运场站服务，以其取得的全部价款和价外费用，扣除支付给承运方运费后的余额为销售额。

【温馨提示】

小规模企业提供客运场站服务不涉及差额征税。

6）旅游服务

【政策规定】

试点纳税人提供旅游服务，可以选择以取得的全部价款和价外费用，扣除向旅游服务购买方收取并支付给其他单位或者个人的住宿费、餐饮费、交通费、签证费、门票费和支付给其他接团旅游企业的旅游费用后的余额为销售额。

【发票开具】

选择差额征税计算销售额的试点纳税人，向旅游服务购买方收取并支付的费用，不得开具增值税专用发票，可以开具普通发票。但如果放弃享受差额征税政策，可就全部收入开具增值税专用发票。

7）建筑服务简易计税方法

【政策规定】

试点纳税人提供建筑服务适用简易计税方法的，以取得的全部价款和价外费用扣除支付的分包款后的余额为销售额。

【发票开具】

可全额开具 3%增值税普通发票或专用发票。

8）房地产企业销售商品房选择一般计税方法

【政策规定】

房地产开发企业中的一般纳税人销售其开发的房地产项目(选择简易计税方法的房地产老项目除外),以取得的全部价款和价外费用,扣除受让土地时向政府部门支付的土地价款后的余额为销售额。

"向政府部门支付的土地价款"包括土地受让人向政府部门支付的征地和拆迁补偿费用、土地前期开发费用和土地出让收益等

【发票开具】

房地产企业一般纳税人可以全额自开11%增值税专用发票或者普通发票。

9) 劳务派遣服务

【政策规定】

(1) 一般纳税人提供劳务派遣服务,可以选择差额纳税,以取得的全部价款和价外费用,扣除代用工单位支付给劳务派遣员工的工资、福利和为其办理社会保险及住房公积金后的余额为销售额,按照简易计税方法依5%的征收率计算缴纳增值税。

(2) 小规模纳税人提供劳务派遣服务,可以选择差额纳税,以取得的全部价款和价外费用,扣除代用工单位支付给劳务派遣员工的工资、福利和为其办理社会保险及住房公积金后的余额为销售额,按照简易计税方法依5%的征收率计算缴纳增值税。

【发票开具】

纳税人提供劳务派遣服务,选择差额纳税的,向用工单位收取用于支付给劳务派遣员工工资、福利和为其办理社会保险及住房公积金的费用,不得开具增值税专用发票,可以开具增值税普通发票。

10) 人力资源外包服务

【政策规定】

纳税人提供人力资源外包服务,按照经纪代理服务缴纳增值税,其销售额不包括受客户单位委托代为向客户单位员工发放的工资和代理缴纳的社会保险、住房公积金。

一般纳税人提供人力资源外包服务,可以选择适用简易计税方法,按照5%的征收率计算缴纳增值税。

【温馨提示】

无论是一般计税方法还是简易计税方法,人力资源外包均可享受差额征税政策。

【发票开具】

向委托方收取并代为发放的工资和代理缴纳的社会保险、住房公积金,不得开具增值税专用发票,可以开具普通发票。

11) 转让营改增前取得的土地使用权

【政策规定】

纳税人转让2016年4月30日前取得的土地使用权，可以选择适用简易计税方法，以取得的全部价款和价外费用减去取得该土地使用权的原价后的余额为销售额，按照5%的征收率计算缴纳增值税。

【发票开具】

企业可以按照5%全额开具增值税专用发票或增值税普通发票。

12）按照简易计税方法转让二手房

【政策规定】

（1）一般纳税人转让其2016年4月30日前取得（不含自建）的不动产，可以选择适用简易计税方法计税，以取得的全部价款和价外费用扣除不动产购置原价或者取得不动产时的作价后的余额为销售额，按照5%的征收率计算应纳税额。纳税人应按照上述计税方法向不动产所在地主管地税机关预缴税款，向机构所在地主管国税机关申报纳税。

（2）小规模纳税人转让其取得（不含自建）的不动产，以取得的全部价款和价外费用扣除不动产购置原价或者取得不动产时的作价后的余额为销售额，按照5%的征收率计算应纳税额。

（3）个人转让其购买的住房，按照有关规定差额缴纳增值税的，以取得的全部价款和价外费用扣除购买住房价款后的余额为销售额，按照5%的征收率计算应纳税额。

【发票开具】

（1）一般纳税人可全额自开增值税专用发票或普通发票。

（2）小规模纳税人可全额自开增值税普通发票，或到二手房所在地地税机关代开增值税专用发票。

（3）其他个人可到二手房所在地地税机关全额代开增值税专用发票或普通发票。

13）物业公司水费收取

【政策规定】

提供物业管理服务的纳税人，向服务接受方收取的自来水水费，以扣除其对外支付的自来水水费后的余额为销售额，按照简易计税方法依3%的征收率计算缴纳增值税。

【发票开具】

纳税人可以按3%向服务接受方开具增值税专用发票或增值税普通发票。

14）安保服务

【政策规定】

（1）一般纳税人提供安全保护服务，可以选择差额纳税，以取得的全部价款和价外费用，扣除代用工单位支付给外派员工的工资、福利和为其办理社会保险及住房公积金后的余额为销售额，按照简易计税方法依5%的征收率计算缴纳增值税。

（2）小规模纳税人提供安全保护服务，也可以选择差额纳税，以取得的全部价款和价外费用，扣除代用工单位支付给外派员工的工资、福利和为其办理社会保险及住房公积金后的余额为销售额，按照简易计税方法依5%的征收率计算缴纳增值税。

【发票开具】

纳税人提供安保服务，选择差额纳税的，向用工单位收取用于支付给劳务派遣员工工资、福利和为其办理社会保险及住房公积金的费用，不得开具增值税专用发票，可以开具增值税普通发票。

15）中国证券登记结算公司

【政策规定】

中国证券登记结算公司的销售额，不包括以下资金项目：按规定提取的证券结算风险基金；代收代付的证券公司资金交收违约垫付资金利息；结算过程中代收代付的资金交收违约罚息。

【发票开具】

可以全额开具6%专用发票。

16）电信企业为公益性机构接受捐款

【政策规定】

中国移动通信集团公司、中国联合网络通信集团有限公司、中国电信集团公司及其成员单位通过手机短信公益特服号为公益性机构接受捐款，以其取得的全部价款和价外费用，扣除支付给公益性机构捐款后的余额为销售额。其接受的捐款，不得开具增值税专用发票。

【发票开具】

其接受的捐款，不得开具增值税专用发票。

17）境外单位通过教育部考试中心及其直属单位在境内开展考试

【政策规定】

境外单位通过教育部考试中心及其直属单位在境内开展考试，教育部考试中心及其直属单位应以取得的考试费收入扣除支付给境外单位考试费后的余额为销售额，按提供“教育辅助服务”缴纳增值税；就代为收取并支付给境外单位的考试费统一扣缴增值税。

【发票开具】

教育部考试中心及其直属单位代为收取并支付给境外单位的考试费，不得开具增值税专用发票，可以开具增值税普通发票。

3. 其他规定

1）选择差额征税的小规模纳税人能否享受小微企业税收优惠

根据《国家税务总局关于明确营改增试点若干征管问题的公告》（国家税务总局2016年第26号公告）的规定，适用差额征收政策的增值税小规模纳税人，以差额前的销售额确定是否可以享受按月3万元（按季9万元）以下免征增值税政策。

2）选择差额征税的小规模纳税人是否适用增值税一般纳税人资格登记标准

照现行政策规定，小规模纳税人提供应税服务年应税销售额在500万元（含本数）的，应该登记为一般纳税人。适用差额征收政策的增值税小规模纳税人年应税销售额是指差额前的销售额。

3）选择营改增差额征税的纳税人凭哪些有效凭证进行差额扣除

从全部价款和价外费用中扣除的价款，应当取得符合法律、行政法规和国家税务总局规定的有效凭证。否则，不得扣除。

上述凭证是指：

（1）支付给境内单位或者个人的款项，以发票为合法有效凭证。

（2）支付给境外单位或者个人的款项，以该单位或者个人的签收单据为合法有效凭证，税务机关对签收单据有疑义的，可以要求其提供境外公证机构的确认证明。

（3）缴纳的税款，以完税凭证为合法有效凭证。

（4）扣除的政府性基金、行政事业性收费或者向政府支付的土地价款，以省级以上（含省级）财政部门监（印）制的财政票据为合法有效凭证。

（5）国家税务总局规定的其他凭证。

纳税人取得的上述凭证属于增值税扣税凭证的，其进项税额不得从销项税额中抵扣。

4）差额征税发票开具规定

纳税人或者税务机关通过新系统中差额征税开票功能开具增值税发票时，录入含税销售额（或含税评估额）和扣除额，系统自动计算税额和不含税金额，备注栏自动打印“差额征税”字样，发票开具不应与其他应税行为混开。

（二）房地产开发企业专题

1. 销售额

（1）房地产开发企业中的一般纳税人（以下简称一般纳税人）销售自行开发的房地产项目，适用一般计税方法计税，按照取得的全部价款和价外费用，扣除当期销售房地产项目对应的土地价款后的余额计算销售额。销售额的计算公式如下：

$$\text{销售额}=(\text{全部价款和价外费用}-\text{当期允许扣除的土地价款})\div(1+10\%)$$

$$\begin{matrix}\text{当期允许扣除的}\\\text{土地价款}\end{matrix}=\left(\begin{matrix}\text{当期销售房地产}\\\text{项目建筑面积}\end{matrix}\div\begin{matrix}\text{房地产项目可供}\\\text{销售建筑面积}\end{matrix}\right)\times\begin{matrix}\text{支付的}\\\text{土地价款}\end{matrix}$$

【温馨提示】

（1）当期销售房地产项目建筑面积，是指当期进行纳税申报的增值税销售额对应的建筑面积。房地产项目可供销售建筑面积，是指房地产项目可以出售的总建筑面积，不包括销售房地产项目时未单独作价结算的配套公共设施的建筑面积。

（2）“当期销售房地产项目建筑面积”“房地产项目可供销售建筑面积”，是指计容积率地上建筑面积，不包括地下车位建筑面积。

(3) 支付的土地价款，是指向政府、土地管理部门或受政府委托收取土地价款的单位直接支付的土地价款，并且应当取得省级以上(含省级)财政部门监(印)制的财政票据。

(4) “向政府部门支付的土地价款”，包括土地受让人向政府部门支付的征地和拆迁补偿费用、土地前期开发费用和土地出让收益等。

(5) 房地产开发企业中的一般纳税人销售其开发的房地产项目(选择简易计税方法的房地产老项目除外)，在取得土地时向其他单位或个人支付的拆迁补偿费用也允许在计算销售额时扣除。纳税人按上述规定扣除拆迁补偿费用时，应提供拆迁协议、拆迁双方支付和取得拆迁补偿费用凭证等能够证明拆迁补偿费用真实性的材料。

(6) 房地产开发企业(包括多个房地产开发企业组成的联合体)受让土地向政府部门支付土地价款后，设立项目公司对该受让土地进行开发，同时符合下列条件的，可由项目公司按规定扣除房地产开发企业向政府部门支付的土地价款。

① 房地产开发企业、项目公司、政府部门三方签订变更协议或补充合同，将土地受让人变更为项目公司。

② 政府部门出让土地的用途、规划等条件不变的情况下，签署变更协议或补充合同时，土地价款总额不变。

③ 项目公司的全部股权由受让土地的房地产开发企业持有。

(2) 一般纳税人销售自行开发的房地产老项目，可以选择适用简易计税方法按照5%的征收率计税。一经选择简易计税方法计税的，36个月内不得变更为一般计税方法计税。

一般纳税人销售自行开发的房地产老项目适用简易计税方法计税的，以取得的全部价款和价外费用为销售额，不得扣除对应的土地价款。

2. 进项税额

一般纳税人销售自行开发的房地产项目，兼有一般计税方法计税、简易计税方法计税、免征增值税的房地产项目而无法划分不得抵扣的进项税额的，应以《建筑工程施工许可证》注明的“建设规模”为依据进行划分。

$$\text{不得抵扣的进项税额}=\text{当期无法划分的全部进项税额}\times\left(\text{简易计税、免税房地产项目建设规模}\div\text{房地产项目总建设规模}\right)$$

3. 纳税义务确认时间

应按照《营业税改征增值税试点实施办法》(财税〔2016〕36号)文件第四十五条规定的纳税义务发生时间，以当期销售额和10%的适用税率(简易征收和小规模纳税人为5%的征收率)计算当期应纳税额，抵减已预缴税款后，向主管国税机关申报纳税。未抵减完的预缴税款可以结转下期继续抵减。

4. 预缴税款——《增值税预缴税款表》

(1) 一般纳税人采取预收款方式销售自行开发的房地产项目，应在收到预收款时按照3%的预征率预缴增值税。应预缴税款按照以下公式计算：

应预缴税款＝预收款÷(1＋适用税率或征收率)×3％

适用一般计税方法计税的，按照10％的适用税率计算；适用简易计税方法计税的，按照5％的征收率计算。

一般纳税人应在取得预收款的次月纳税申报期向主管税务机关预缴税款。

(2) 房地产开发企业中的小规模纳税人(以下简称小规模纳税人)采取预收款方式销售自行开发的房地产项目，应在收到预收款时按照3％的预征率预缴增值税。应预缴税款按照以下公式计算：

应预缴税款＝预收款÷(1＋5％)×3％

小规模纳税人应在取得预收款的次月纳税申报期或主管税务机关核定的纳税期限向主管税务机关预缴税款。

5. 发票开具

(1) 一般纳税人销售自行开发的房地产项目，自行开具增值税发票。

(2) 小规模纳税人销售自行开发的房地产项目，自行开具增值税普通发票。购买方需要增值税专用发票的，小规模纳税人向主管税务机关申请代开。

(3) 其2016年4月30日前收取并已向主管税务机关申报缴纳营业税的预收款，未开具营业税发票的，可以开具增值税普通发票，不得开具增值税专用发票。向其他个人销售自行开发的房地产项目，不得开具增值税专用发票。

6. 其他规定

房地产开发企业以预缴税款抵减应纳税额，应以完税凭证作为合法有效凭证。

房地产开发企业销售自行开发的房地产项目，未按本办法规定预缴或缴纳税款的，由主管税务机关按照《中华人民共和国税收征收管理法》及相关规定进行处理。

第二节 消 费 税

消费税是对在中华人民共和国境内生产、委托加工和进口以及国务院确定的销售应纳消费税的消费品(以下简称应税消费品)的单位和个人就其销售额或销售数量，在特定环节征收的一种税。

一、纳税人

在中华人民共和国境内生产、委托加工和进口以及国务院确定的销售应纳消费税的消费品(以下简称应税消费品)的单位和个人，为消费税的纳税义务人。

二、税目与税率

消费税税目与税率表如表 1-2 所示。

表 1-2　消费税税目与税率表

税　　目	税　　率
一、烟	
1. 卷烟	
(1) 甲类卷烟(调拨价 70 元(不含增值税)/条以上(含 70 元))	56%+0.003 元/支
(2) 乙类卷烟(调拨价 70 元(不含增值税)/条以下)	36%+0.003 元/支
(3) 商业批发	11%+0.005 元/支
2. 雪茄烟	36%
3. 烟丝	30%
二、酒及酒精	
1. 白酒	20%加 0.5 元/500 克(或者 500 毫升)
2. 黄酒	240 元/吨
3. 啤酒	
(1) 甲类啤酒	250 元/吨
(2) 乙类啤酒	220 元/吨
4. 其他酒	10%
三、高档化妆品	15%
四、贵重首饰及珠宝玉石	
1. 金银首饰、铂金首饰和钻石及钻石饰品	5%
2. 其他贵重首饰和珠宝玉石	10%
五、鞭炮、焰火	15%
六、成品油	
1. 汽油	
(1) 含铅汽油	1.52 元/升
(2) 无铅汽油	1.52 元/升
2. 柴油	1.20 元/升
3. 航空煤油	1.20 元/升
4. 石脑油	1.52 元/升

（续表）

税　　目	税　　率
5. 溶剂油	1.52 元/升
6. 润滑油	1.52 元/升
7. 燃料油	1.20 元/升
七、摩托车	
1. 气缸容量（排气量，下同）在 250 毫升（含 250 毫升）以下的	3%
2. 气缸容量在 250 毫升以上的	10%
八、小汽车	
1. 乘用车	
（1）气缸容量（排气量，下同）在 1.0 升（含 1.0 升）以下的	1%
（2）气缸容量在 1.0 升以上至 1.5 升（含 1.5 升）的	3%
（3）气缸容量在 1.5 升以上至 2.0 升（含 2.0 升）的	5%
（4）气缸容量在 2.0 升以上至 2.5 升（含 2.5 升）的	9%
（5）气缸容量在 2.5 升以上至 3.0 升（含 3.0 升）的	12%
（6）气缸容量在 3.0 升以上至 4.0 升（含 4.0 升）的	25%
（7）气缸容量在 4.0 升以上的	40%
2. 中轻型商用客车	5%
3. 超豪华小汽车	按子税目 1 和子税目 2 的规定征收，零售环节 10%
九、高尔夫球及球具	10%
十、高档手表	20%
十一、游艇	10%
十二、木制一次性筷子	5%
十三、实木地板	5%
十四、铅蓄电池	4%
十五、涂料	4%

纳税人兼营不同税率的应当缴纳消费税的消费品（以下简称应税消费品），应当分别核算不同税率应税消费品的销售额、销售数量；未分别核算销售额、销售数量，或者将不同税率的应税消费品组成成套消费品销售的，从高适用税率。

三、计税依据

国家在确定消费税的计税依据时，主要从应税消费品的价格变化和便于征纳等角度出发，分别采用从价定率和从量定额以及混合征收的方式计税。

（一）实行从价定率计征办法的计税依据

实行从价定率办法征税的应税消费品，计税依据为应税消费品的销售额。销售额为纳税人销售应税消费品向购买方收取的全部价款和价外费用，但不包括向购买方收取的增值税税额。如果纳税人应税消费品的销售额中未扣除增值税税额或者因不得开具增值税专用发票而发生价款和增值税税额合并收取，在计算消费税时，应当换算成不含增值税税额的销售额。其换算公式为：

应税消费品的销售额＝含增值税的销售额÷(1＋增值税税率或征收率)

（二）实行从量定额计征办法的计税依据

实行从量定额计征办法的计税依据通常以销售应税消费品的重量、容积或数量为计税依据，并按规定的定额税率计算应纳消费税。

（三）实行复合计征办法的计征依据

实行复合计征办法的应税消费品，其计税依据为应税销售品的销售额和销售应税消费品的重量、容积和数量，分别与相应消费税比例税率以及定额税率计算应纳消费税。

【温馨提示】

从量定额应税消费品的数量。具体为：

(1) 销售应税消费品的，为应税消费品的销售数量。

(2) 自产自用应税消费品的，为应税消费品的移送使用数量。

(3) 委托加工应税消费品的，为纳税人收回的应税消费品数量。

(4) 进口应税消费品的，为海关核定的应税消费品进口征税数量。

四、特殊规定

下列情况均应作销售或视同销售确定销售额(也包括销售数量)，并按规定缴纳消费税：

(1) 有偿转让应税消费品所有权的行为。具体包括纳税人用应税消费品换取生产资料和消费资料、用应税消费品支付代扣手续费或销售回扣、在销售数量之外另付给购货方或中间人作为奖励和报酬的应税消费品。

(2) 纳税人自产自用的应税消费品用于其他方面(非用于连续生产应税消费品)的。即纳税人用于生产非应税消费品和在建工程、管理部门、非生产机构、提供劳务以及用于馈赠、赞助、广告、样品、职工福利、奖励等，均视同对外销售。

（3）委托加工的应税消费品。

【温馨提示】

（1）委托加工的应税消费品，是指由委托方提供原料和主要材料，受托方只收取加工费和代垫部分辅助材料加工的应税消费品。

（2）对于由受托方提供原材料生产的应税消费品，或者受托方先将原材料卖给委托方，然后再接受加工的应税消费品，以及由受托方以委托方名义购进原材料生产的应税消费品，不论在财务上是否作销售处理，都不得作为委托加工应税消费品，而应当按照销售自制应税消费品缴纳消费税。

（3）委托加工的应税消费品直接出售的，不再缴纳消费税。

（4）委托个人加工的应税消费品，由委托方收回后缴纳消费税

五、应纳税额的计算

（一）应纳税额的一般计算

消费税应纳税额的计算分为从价定率、从量定额和从价从量复合计税三种计算方法。

1. 从价定率计算方法

基本计算公式为：

应纳税额＝应税消费品的销售额×比例税率

【案例解说】

某化妆品生产企业为增值税一般纳税人，3 月 5 日向某大型商场销售高档化妆品一批，开具增值税专用发票取得不含增值税销售额 30 万元，增值税额 4.8 万元；3 月 14 日向某单位销售高档化妆品一批，开具普通发票，取得含增值税销售额 4.64 万元。该化妆品适用增值税税率 16％、消费税税率 15％。企业 3 月应缴纳的消费税额为：

（1）应税销售额＝30＋4.64÷（1＋16％）＝34（万元）。

（2）应缴纳的消费税额＝34×15％＝5.1（万元）。

2. 从量定额计算方法

基本计算公式为：

应纳税额＝应税消费品的销售数量×单位税额

3. 从价定率和从量定额复合计税计算方法

现行消费税的征税范围中，只有卷烟、白酒采用混合计算方法。其基本计算公式为：

应纳税额＝应税销售数量×定额税率＋应税销售额×比例税率

【案例解说】

2018年4月，某白酒厂销售白酒100吨，当月取得不含税销售额1 480万元。计算该厂当月应纳的消费税。

当月应纳消费税＝100×2 000×0.5＋14 800 000×20％＝3 060 000(元)

（二）委托加工应税消费品应纳税额的计算

1. 委托加工的应税消费品，按照受托方的同类消费品的销售价格计算纳税，其计算公式为：

应纳税额＝同类消费品销售单价×委托加工数量×适用税率

2. 没有同类消费品销售价格的，按照组成计税价格计算纳税，计算公式为：

组成计税价格＝(材料成本＋加工费)÷(1－比例税率)

3. 自2009年1月1日起，增加了实行复合计税办法计算纳税的组成计税价格计算公式：

组成计税价格＝(材料成本＋加工费＋委托加工数量×定额税率)÷(1－比例税率)

应纳税额＝组成计税价格×适用税率

【案例解说】

山水公司委托乙企业加工一批应税消费品，并为乙企业提供原材料等，实际成本为7 000元，支付乙企业加工费1 500元，乙企业代垫的辅助材料500元。已知适用消费税税率为10％，同时该应税消费品，受托方无同类消费品销售价格。试计算乙企业代扣代缴应税消费品的消费税税款。(以上材料和加工费均不含增值税)

组成计税价格＝(7 000＋1 500＋500)÷(1－10％)＝10 000(元)

代扣代缴消费税税款＝10 000×10％＝1 000(元)

六、申报与缴纳

（一）纳税义务发生时间

(1) 纳税人销售应税消费品的，按不同的销售结算方式分别为：

① 采取赊销和分期收款结算方式的，为书面合同约定的收款日期的当天，书面合同没有约定收款日期或者无书面合同的，为发出应税消费品的当天。

② 采取预收货款结算方式的，为发出应税消费品的当天。

③ 采取托收承付和委托银行收款方式的，为发出应税消费品并办妥托收手续的当天。

④ 采取其他结算方式的，为收讫销售款或者取得索取销售款凭据的当天。

（2）纳税人自产自用应税消费品的，为移送使用的当天。

（3）纳税人委托加工应税消费品的，为纳税人提货的当天。

（4）纳税人进口应税消费品的，为报关进口的当天。

（二）纳税地点

（1）纳税人销售的应税消费品及自产自用的应税消费品，除国家另有规定外，应当向机构所在地或者居住地的主管税务机关申报纳税。纳税人总机构和分支机构不在同一县（市）的，应当分别向各自机构所在地的主管税务机关申报纳税；经财政部、国家税务总局或者其授权的财政、税务机关批准，可以由总机构汇总向总机构所在地的主管税务机关申报纳税。

（2）纳税人到外县（市）销售或委托外县（市）代销自产应税消费品的，于应税消费品销售后，向机构所在地或者居住地主管税务机关申报纳税。

（3）委托单位加工的应税消费品，由受托方向机构所在地或者居住地的主管税务机关解缴税款；委托个人加工的应税消费品，由委托方向其机构所在地或者居住地主管税务机关申报纳税。

（三）纳税环节

（1）生产环节。纳税人生产的应税消费品，由生产者于销售时纳税。生产者自产自用的应税消费品，用于连续生产应税消费品的，不纳税；用于其他方面（非用于本企业连续生产应税消费品）的，于移送使用时纳税。

委托单位加工的应税消费品，由受托方在向委托方交货时代收代缴税款；委托个人加工的应税消费品，由委托方收回后缴纳消费税。

（2）零售环节。金银首饰消费税在零售环节征收。

（3）批发环节。卷烟消费税除生产环节征税外，从 2009 年 5 月 1 日起，增加一道批发环节。

（4）进口环节。

（四）纳税期限

消费税的纳税期限分别为 1 日、3 日、5 日、10 日、15 日、1 个月或者 1 个季度。纳税人的具体纳税期限，由主管税务机关根据纳税人应纳税额的大小分别核定；不能按照固定期限纳税的，可以按次纳税。

纳税人以 1 个月或者 1 个季度为 1 个纳税期的，自期满之日起 15 日内（节假日顺延，下同）申报纳税；以 1 日、3 日、5 日、10 日或者 15 日为 1 个纳税期的，自期满之日起 5 日内预缴税款，于次月 1 日起 15 日内申报纳税并结清上月应纳税款。

纳税人进口应税消费品，应当自海关填发海关进口消费税专用缴款书之日起 15 日内缴纳税款。

第三节　车辆购置税

车辆购置税是以在中国境内购置规定的车辆为课税对象，在特定的环节向车辆购置者征收的一种税。

一、纳税人

车辆购置税的纳税人是指在中华人民共和国境内购置应税车辆的单位和个人。

【延展阐述】

车辆购置行为包括以下几种情况：

(1) 购买使用行为，包括购买使用国产应税车辆和购买使用进口应税车辆。

(2) 进口使用行为，指纳税人直接从境外进口或委托代理进口自用的应税车辆，即非贸易方式进口自用的应税车辆。

(3) 受赠使用行为。

(4) 自产自用行为。

(5) 获奖使用行为。

(6) 其他使用行为，如拍卖、抵债、走私、罚没等方式取得并自用的应税车辆。

单位，包括国有企业、集体企业、私营企业、股份制企业、外商投资企业、外国企业以及其他企业和事业单位、社会团体、国家机关、部队以及其他单位；所称个人，包括个体工商户以及其他个人。

【温馨提示】

车辆购置行为不包括销售应税车辆的行为。

二、征税对象和征税范围

(一) 征税对象

车辆购置税以列举产品(车辆)为征税对象。所谓“列举产品”，即指《中华人民共和国车辆购置税暂行条例》规定的应税车辆。

(二) 征税范围

(1) 汽车：包括各类汽车。

(2) 摩托车：包括轻便摩托车、二轮摩托车、三轮摩托车。

(3) 电车：包括无轨电车和有轨电车。

(4) 挂车:包括全挂车、半挂车。

(5) 农用运输车:包括三轮农用运输车和四轮农用运输车。

具体征收范围依照《中华人民共和国车辆购置税暂行条例》所附的《车辆购置税征收范围表》执行。

三、税率与计税依据

(一) 税率

车辆购置税实行统一比例税率,税率为10%。

(二) 计税依据

1. 购买自用应税车辆计税依据的确定

纳税人购买自用的应税车辆,计税依据为纳税人购买应税车辆而支付给销售者的全部价款和价外费用(但不包括增值税税款)。

【延展阐述】

价外费用是指销售方价外向购买方收取的基金、集资费、违约金(延期付款利息)和手续费、包装费、储存费、优质费、运输装卸费、保管费以及其他各种性质的价外收费,但不包括销售方代办保险等而向购买方收取的保险费,以及向购买方收取的代购买方缴纳的车辆购置税、车辆牌照费。

【温馨提示】

当纳税人购车发票的价格未扣除增值税税款,或者因销售方不能开具机动车辆销售统一发票而发生价款与增值税税款合并收取的,在确定车辆购置税计税依据时,应将其换算为不含增值税的销售价格。其换算公式为:

计税价格=含增值税的销售价格÷(1+增值税税率或征收率)

2. 进口自用应税车辆计税依据的确定

计税价格的计算公式为:

计税价格=关税完税价格+关税+消费税

公式中,关税完税价格是指海关核定的关税计税价格;关税是指由海关征收的进口车辆的关税;消费税是指进口车辆由海关代征的消费税。

3. 其他自用应税车辆计税依据的确定

(1) 纳税人购买自用或者进口自用应税车辆,申报的计税价格低于同类型应税车辆的最低计税价格,又无正当理由的,计税价格为国家税务总局核定的最低计税价格。

(2) 纳税人自产、受赠、获奖或者以其他方式取得并自用的应税车辆的计税价格,主管税务机关参照国家税务总局规定的最低计税价格核定。

（3）国家税务总局未核定最低计税价格的车辆，计税价格为纳税人提供的有效价格证明注明的价格。有效价格证明注明的价格明显偏低的，主管税务机关有权核定应税车辆的计税价格。

（4）进口旧车、因不可抗力因素导致受损的车辆、库存超过3年的车辆、行驶8万公里以上的试验车辆、国家税务总局规定的其他车辆，计税价格为纳税人提供的有效价格证明注明的价格。纳税人无法提供车辆有效价格证明的，主管税务机关有权核定应税车辆的计税价格。

（5）免税条件消失的车辆，自初次办理纳税申报之日起，使用年限未满10年的，计税价格以免税车辆初次办理纳税申报时确定的计税价格为基准，每满1年扣减10%；未满1年的，计税价格为免税车辆的原计税价格；使用年限10年（含）以上的，计税价格为0。

四、税收优惠

（一）车辆购置税减税免税的具体规定

（1）外国驻华使馆、领事馆和国际组织驻华机构及其外交人员自用车辆免税。

（2）中国人民解放军和中国人民武装警察部队列入军队武器装备订货计划的车辆免税。

（3）设有固定装置的非运输车辆免税。

（4）防汛部门和森林消防等部门购置的由指定厂家生产的指定型号的用于指挥、检查、调度、防汛（警）、联络的专用车辆。

（5）回国服务的留学人员用现汇购买1辆个人自用国产小汽车。

（6）长期来华定居专家进口自用的1辆自用小汽车。

（7）三轮农用运输车免征车辆购置税。

（8）由中国妇女发展基金会募集社会捐赠资金统一购置的，用于“母亲健康快车”公益项目使用的流动医疗车免征车辆购置税。

（9）国家人口和计划生育委员会统一购置的计划生育流动服务车免征车辆购置税。

（10）自2018年1月1日至2020年12月31日，对购置的新能源汽车免征车辆购置税。

（11）自2016年1月1日起至2020年12月31日止，对城市公交企业购置的公共汽电车辆免征车辆购置税。

（12）有国务院规定予以免税或者减税的其他情形的，按照规定免税或者减税。

（二）车辆购置税的退税

已缴纳车辆购置税的车辆，发生下列情形之一的，准予纳税人申请退税：

（1）车辆退回生产企业或者经销商的。

（2）符合免税条件的设有固定装置的非运输车辆但已征税的。

（3）其他依据法律法规规定应予退税的情形。

【延展阐述】

车辆退回生产企业或者经销商的，纳税人申请退税时，主管税务机关自纳税人办理纳税申报之日起，按已缴纳税款每满1年扣减10％计算退税额；未满1年的，按已缴纳税款全额退税。

其他退税情形，纳税人申请退税时，主管税务机关依据有关规定计算退税额。

五、应纳税额的计算

车辆购置税实行从价定率的办法计算应纳税额，应纳税额的计算公式为：

应纳税额＝计税价格×税率

【案例解说】

2017年12月8日，张某从广州吉利汽车有限公购买一辆厂牌型号为博瑞2017款1.8T尊尚智领版的轿车供自己使用，支付含增值税车价款124 800元，另支付代收临时牌照费150元，代收保险费352元，支付购买工具件和零配件价款2 035元，车辆装饰费250元。支付的各项价费均由广州吉利汽车有限公司开具“机动车销售统一发票”和有关票据。计算车辆购置税应纳税额。

分析过程：

(1) 购买者随购买车辆支付的工具件和零部件价款应作为购车价款的一部分，并入计税价格中征收车辆购置税。

(2) 支付的车辆装饰费，应作价外费用并入计税价格中计税。

(3) 代收款项应区别征税。凡使用代收单位（受托方）票据收取的款项，应视作代收单位价外收费，购买者支付的价费款，应并入计税价格中一并征税；凡使用委托方票据收取，受托方只履行代收义务和收取代收手续费的款项，应按其他税收政策规定征税。

(4) 销售单位开给购买者的各种发票金额中包含增值税税款，计算应纳车辆购置税时，应换算为不含增值税税额的计税价格。

车辆购置税税额计算：

(1) 计税价格＝(124 800＋150＋352＋2 035＋250)÷(1＋17％)＝109 048.72(元)。

(2) 应纳税额＝109 048.72×10％＝10 904.87(元)。

六、申报与缴纳

(一) 纳税申报

车辆购置税实行一车一申报制度。

符合《中华人民共和国车辆购置税暂行条例》规定的免税、减税规定的车辆，纳税人在办理纳税申报时，还应提供有关资料，办理减免税申请。

（二）纳税环节

车辆购置税是对应税车辆的购置行为课征，征税环节选择在使用环节（即最终消费环节）。具体而言，纳税人应当在向公安机关等车辆管理机构办理车辆登记注册手续前，缴纳车辆购置税。

【温馨提示】

车辆购置税选择单一环节，实行一次课征制度，购置已征车辆购置税的车辆，不再征收车辆购置税。但减税、免税条件消失的车辆，即减税、免税车辆因转让、改制后改变了原减、免税前提条件的，就不再属于免税、减税范围，应按规定缴纳车辆购置税。

（三）纳税地点

纳税人购置应税车辆，应当向车辆登记注册地的主管税务机关申报纳税；购置不需办理车辆登记注册手续的应税车辆，应当向纳税人所在地的主管税务机关申报纳税。

【温馨提示】

车辆登记注册地是指车辆的上牌落籍地或落户地。

（四）纳税期限

纳税人购买自用的应税车辆，自购买之日起 60 日内申报纳税；进口自用的应税车辆，应当自进口之日起 60 日内申报纳税自产、受赠、获奖和以其他方式取得并自用应税车辆的，应当自取得之日起 60 日内申报纳税。

车辆购置税税款于纳税人办理纳税申报时一次缴清。

【温馨提示】

购买之日，是指纳税人购车发票上注明的销售日期。进口之日，是指纳税人报关进口的当天。

第二章

所得税类

第一节 企业所得税

企业所得税是对我国企业(居民企业及非居民企业)和其他取得收入的组织以其生产经营所得为课税对象所征收的一种所得税。

一、纳税人

在我国境内,企业和其他取得收入的组织(以下统称企业)为企业所得税的纳税人,依照法律规定缴纳企业所得税。个人独资企业、合伙企业除外。

企业所得税的纳税人分为居民企业和非居民企业。

(一) 居民企业

居民企业是指依法在中国境内成立,或者依照外国(地区)法律成立但实际管理机构在中国境内的企业。

(二) 非居民企业

非居民企业,是指依照外国(地区)法律成立且实际管理机构不在中国境内,但在中国境内设立机构、场所的,或者在中国境内未设立机构、场所,但有来源于中国境内所得的企业。

【温馨提示】

(1) 我国判定居民企业的标准有两个:登记注册地标准、实际管理机构所在地标准。

(2) 实际管理机构,是指对企业的生产经营、人员、账务、财产等实施实质性全面管理和控制的机构。

(3) 在中国境内从事生产经营活动的机构、场所,包括:

① 管理机构、营业机构、办事机构。

② 工厂、农场、开采自然资源的场所。

③ 提供劳务的场所。

④ 从事建筑、安装、装配、修理、勘探等工程作业的场所。

⑤ 其他从事生产经营活动的机构、场所。

二、征税对象

企业所得税的征税对象是指企业取得的生产经营所得、其他所得和清算所得，包括销售货物所得，提供劳务所得，转让财产所得，股息、红利等权益性投资所得，利息所得，租金所得，特许权使用费所得，接受捐赠所得和其他所得。

居民企业应当就其来源于中国境内、境外的所得缴纳企业所得税。

非居民企业在中国境内设立机构、场所的，应当就其所设机构、场所取得的来源于中国境内的所得，以及发生在中国境外但与其所设机构、场所有实际联系的所得缴纳企业所得税。

非居民企业在中国境内未设立机构、场所的，或者虽设立机构、场所但取得的所得与其所设机构、场所没有实际联系的，应当就其来源于中国境内的所得缴纳企业所得税。

【温馨提示】

上述所称实际联系，是指非居民企业在中国境内设立的机构、场所拥有据以取得所得的股权、债权，以及拥有、管理、控制据以取得所得的财产等。

三、税率

企业所得税税率表如表 2-1 所示。

表 2-1　企业所得税税率表

种类	税率	适用范围
基本税率	25%	1. 居民企业 2. 在中国境内设立机构、场所的非居民企业
低税率	20% （目前减按 10%）	非居民企业在中国境内未设立机构、场所的，或者虽设立机构、场所但取得的所得与其所设机构、场所没有实际联系的

四、应纳税所得额的计算

应纳税所得额是企业所得税的计税依据，基本公式为：

应纳税所得额＝年度收入总额－不征税收入－免税收入－各项扣除金额－允许弥补的以前年度亏损

【延展阐述】

此处所称亏损，是指企业依照《中华人民共和国企业所得税法》（以下简称《企业所得税法》)和《中华人民共和国企业所得税法实施条例》(以下简称《企业所得税法实施条例》)的规定将每一纳税年度的收入总额减除不征税收入、免税收入和各项扣除后小于零的数额。

税法规定,在计算应纳税所得额时,企业财务、会计处理办法与税收法律、行政法规的规定不一致的,应当依照税收法律、行政法规的规定计算。即企业在平时进行会计核算时,可以按会计制度的有关规定进行账务处理。但在计算应纳税所得额和申报纳税时,对企业按照有关财务会计规定计算的利润总额,要按照税法的规定进行必要调整,才能作为应纳税所得额计算缴纳所得税。故上述计算公式也可转换为:

应纳税所得额=会计利润+纳税调整增加额-纳税调整减少额

《企业所得税法》对应纳税所得额计算作了明确规定,主要内容如下。

(一) 收入总额的确定

1. 收入总额的两种形式

企业的收入总额包括以货币形式和非货币形式从各种来源取得的收入。

货币形式的收入,包括现金、存款、应收账款、应收票据、准备持有至到期的债券投资以及债务的豁免等。

非货币形式的收入,包括固定资产、生物资产、无形资产、股权投资、存货、不准备持有至到期的债券投资、劳务以及有关权益等。

2. 收入总额的九大构成

(1) 销售货物收入。是指企业销售商品、产品、原材料、包装物、低值易耗品以及其他存货取得的收入。

(2) 提供劳务收入。是指企业从事建筑安装、修理修配、交通运输、仓储租赁、金融保险、邮电通信、咨询经纪、文化体育、科学研究、技术服务、教育培训、餐饮住宿、中介代理、卫生保健、社区服务、旅游、娱乐、加工以及其他劳务服务活动取得的收入。

(3) 转让财产收入。是指企业转让固定资产、生物资产、无形资产、股权、债权等财产取得的收入。

【温馨提示】

企业转让股权收入,应于转让协议生效且完成股权变更手续时,确认收入的实现,转让股权收入扣除为取得该股权所发生的成本后,为股权转让所得,企业在计算股权转让所得时,不得扣除被投资企业未分配利润等股东留存收益中按该项股权所可能分配的金额。

(4) 股息、红利等权益性投资收益。是指企业因权益性投资从被投资方取得的收入。

股息、红利等权益性投资收益,除国务院财政、税务主管部部门另有规定外,按照被投资方作出利润分配决定的日期确认收入的实现。

【温馨提示】

企业权益性投资取得股息、红利等收入，应以被投资企业股东会或股东大会作出利润分配或转股决定的日期，确定收入的实现。

被投资企业将股权（票）溢价所形成的资本公积转为股本的，不作为投资方企业的股息、红利收入，投资方企业也不得增加该项长期投资的计税基础。

（5）利息收入。是指企业将资金提供他人使用但不构成权益性投资，或者因他人占用本企业资金取得的收入，包括存款利息、贷款利息、债券利息、欠款利息等收入。

利息收入，按照合同约定的债务人应付利息的日期确认收入的实现。

（6）租金收入。是指企业提供固定资产、包装物或者其他有形资产的使用权取得的收入。

租金收入，按照合同约定的承租人应付租金的日期确认收入的实现。

【温馨提示】

企业提供固定资产、包装物或者其他有形资产的使用权取得的租金收入，应按交易合同或协议规定的承租人应付租金的日期确认收入的实现。其中，如果交易合同或协议中规定租赁期限跨年度，且租金提前一次性支付的，根据《企业所得税法实施条例》第九条规定的收入与费用配比原则，出租人可对上述已确认的收入在租赁期内分期均匀计入相关年度收入。

（7）特许权使用费收入。是指企业提供专利权、非专利技术、商标权、著作权以及其他特许权的使用权取得的收入。

特许权使用费收入，按照合同约定的特许权使用人应付特许权使用费的日期确认收入的实现。

（8）接受捐赠收入。是指企业接受的来自其他企业、组织或者个人无偿给予的货币性资产、非货币性资产。

接受捐赠收入，按照实际收到捐赠资产的日期确认收入的实现。

（9）其他收入。是指企业取得的除上述收入外的其他收入，包括企业资产溢余收入、逾期未退包装物押金收入、确实无法偿付的应付款项、已作坏账损失处理后又收回的应收款项、债务重组收入、补贴收入、违约金收入、汇兑收益等。

【温馨提示】

企业发生债务重组，应在债务重组合同或协议生效时确认收入的实现。

3. 视同销售确定收入的情形

企业发生非货币性资产交换,以及将货物、财产、劳务用于捐赠、偿债、赞助、集资、广告、样品、职工福利或者利润分配等用途的,应当视同销售货物、转让财产或者提供劳务,但国务院财政、税务主管部门另有规定的除外。

【温馨提示】

(1) 对于货物在同一法人实体内部之间的转移,比如用于在建工程、管理部门、分公司等不作为销售处理。

(2) 企业以买一赠一等方式组合销售本企业商品的,不属于捐赠,应将总的销售金额按各项商品的公允价值的比例来分摊确认各项的销售收入。

【延展阐述】

企业处置资产发生以下情形的,除将资产转移至境外以外,由于资产所有权属在形式和实质上均不发生改变,可作为内部处置资产,不视同销售确认收入,相关资产的计税基础延续计算。

(1) 将资产用于生产、制造、加工另一产品。

(2) 改变资产形状、结构或性能。

(3) 改变资产用途(如自建商品房转为自用或经营)。

(4) 将资产在总机构及其分支机构之间转移。

(5) 上述两种或两种以上情形的混合。

(6) 其他不改变资产所有权属的用途。

(二) 不征税收入

(1) 财政拨款。

(2) 依法收取并纳入财政管理的行政事业性收费、政府性基金。

(3) 国务院规定的其他不征税收入。

【延展阐述】

(1) 财政拨款,是指各级人民政府对纳入预算管理的事业单位、社会团体等组织拨付的财政资金,但国务院和国务院财政、税务主管部门另有规定的除外。

(2) 行政事业性收费,是指依照法律法规等有关规定,按照国务院规定程序批准,在实施社会公共管理,以及在向公民、法人或者其他组织提供特定公共服务过程中,向特定对象收取并纳入财政管理的费用。

(3) 政府性基金,是指企业依照法律、行政法规等有关规定,代政府收取的具有专项用途的财政资金。

(4) 其他不征税收入,是指企业取得的,由国务院财政、税务主管部门规定专项用途并经国务院批准的财政性资金。

（三）税前扣除原则、范围和标准

1. 税前扣除的原则

企业申报的扣除项目和金额要真实、合法。除税收法规另有规定外，税前扣除一般应遵循以下原则：

（1）权责发生制原则。

（2）配比原则。

（3）相关性原则。

（4）确定性原则。

（5）合理性原则。

2. 税前扣除项目的范围

企业实际发生的与取得收入直接相关的、符合生产经营活动常规应计入当期损益或有关资产成本的必要和正常的支出，包括成本、费用、税金、损失和其他支出，准予在计算应纳税所得额时扣除。

企业取得的各项免税收入所对应的成本费用，除另有规定外，可以在计算企业应纳税所得额时扣除。

（1）成本。是指企业在生产经营活动中发生的销售成本、销货成本、业务支出以及其他耗费。

（2）费用。是指企业在生产经营活动中发生的销售费用、管理费用和财务费用，已经计入成本的有关费用除外。

（3）税金。是指企业发生的除企业所得税和允许抵扣的增值税以外的各项税金及其附加。

（4）损失。是指企业在生产经营活动中发生的固定资产和存货的盘亏、毁损、报废损失，转让财产损失，呆账损失、坏账损失，自然灾害等不可抗力因素造成的损失以及其他损失。

（5）其他支出。是指除成本、费用、税金、损失外，企业在生产经营活动中发生的与生产经营活动有关的、合理的支出。

【温馨提示】

（1）企业发生的支出应当区分收益性支出和资本性支出。资本性支出应当分期扣除或者计入有关资产成本不得在发生当期直接扣除。

（2）企业的不征税收入用于支出所形成的费用或者财产，不得扣除或者计算对应的折旧、摊销扣除。

（3）除《企业所得税法》及其实施条例另有规定外，企业实际发生的成本、费用、税金、损失和其他支出不得重复扣除。

(4) 企业发生的损失,减除责任人赔偿和保险赔款后的余额,依照国务院财政、税务主管部门的规定扣除。

(5) 企业已经作为损失处理的资产,在以后纳税年度又全部收回或者部分收回时,应当计入当期收入。

(6) 高新技术企业和科技型中小企业纳税年度发生的亏损,准予向以后年度结转,用以后年度的所得弥补,但结转年限最长不得超过10年。

3. 准予税前扣除的具体项目和标准

1) 工资、薪金支出

企业发生的合理的工资、薪金支出,准予扣除。

工资、薪金,是指企业每一纳税年度支付给在本企业任职或者受雇的员工的所有现金形式或者非现金形式的劳动报酬,包括基本工资、奖金、津贴、补贴、年终加薪、加班工资,以及与员工任职或者受雇有关的其他支出。

2) 保险费用

下列保险费用准予扣除:

(1) 企业依照国务院有关主管部门或者省级人民政府规定的范围和标准为职工缴纳的“五险一金”,即基本养老保险费、基本医疗保险费、失业保险费、工伤保险费、生育保险费等基本社会保险费和住房公积金。

(2) 企业为投资者或者职工支付的,在国务院财政、税务主管部门规定的范围和标准内的补充养老保险费、补充医疗保险费。

(3) 企业依照国家有关规定为特殊工种职工支付的人身安全保险费和国务院财政、税务主管部门规定可以扣除的其他商业保险费。

(4) 企业参加财产保险,按照规定缴纳的保险费。

除企业依照国家有关规定为特殊工种职工支付的人身安全保险费和国务院财政、税务主管部门规定可以扣除的其他商业保险费外,企业为投资者或者职工支付的商业保险费,不得扣除。

3) 借款费用

企业在生产经营活动中发生的合理的不需要资本化的借款费用,准予扣除。

企业为购置、建造固定资产、无形资产和经过12个月以上的建造才能达到预定可销售状态的存货发生借款的,在有关资产购置、建造期间发生的合理的借款费用,应当作为资本性支出计入有关资产的成本,并依照《企业所得税法实施条例》的规定扣除。

4) 利息支出

企业在生产经营活动中发生的下列利息支出,准予扣除:

(1) 非金融企业向金融企业借款的利息支出、金融企业的各项存款利息支出和同业拆借利息支出、企业经批准发行债券的利息支出。

(2) 非金融企业向非金融企业借款的利息支出,不超过按照金融企业同期同类贷款利率计算的数额的部分。

5) 汇兑损失

企业在货币交易中,以及纳税年度终了时将人民币以外的货币性资产、负债按照期末即期人民币汇率中间价折算为人民币时产生的汇兑损失,除已经计入有关资产成本以及与向所有者进行利润分配相关的部分外,准予扣除。

6) 职工福利费、工会经费、职工教育经费

职工福利费支出,不超过工资、薪金总额14%的部分,准予扣除。

工会经费,凭《工会经费拨缴款专用收据》(2010年7月日起凭《工会经费收入专用收据》),不超过工资、薪金总额2%的部分,准予扣除。

企业发生的职工教育经费支出,不超过工资薪金总额8%的部分,准予在计算企业所得税应纳税所得额时扣除;超过部分,准予在以后纳税年度结转扣除。

【延展阐述】

(1) 集成电路设计企业和符合条件软件企业发生的职工培训费用全额税前扣除。集成电路生产企业和软件生产企业应准确划分职工教育经费中的职工培训费支出,对于不能准确划分的,以及准确划分后职工教育经费中扣除职工培训费用的余额,一律按照规定的比例扣除。

(2) 符合条件的动漫企业的职工培训费用全额税前扣除。

(3) 核力发电企业为培养核电厂操纵员发生的培养费用,可作为企业的发电成本在税前扣除。

(4) 航空企业实际发生的飞行员养成费、飞行训练费、乘务训练费和空中保卫员训练费等空勤训练费用,可以作为航空企业运输成本在税前扣除。

7) 业务招待费

企业发生的与生产经营活动有关的业务招待费支出,按照发生额的60%扣除,但最高不得超过当年销售(营业)收入的5‰。

8) 广告费和业务宣传费

企业发生的符合条件的广告费和业务宣传费支出,除国务院财政、税务主管机关另有规定外,不超过当年销售(营业)收入15%的部分,准予扣除超过部分,准予在以后纳税年度结转扣除。

【延展阐述】

(1) 计算业务招待费、广告费和业务宣传费的基数是企业的销售(营业)收入,是指

企业按照会计规定核算的“主营业务收入”“其他业务收入”以及根据税收规定应确认为当期收入的视同销售收入。

(2) 企业转让处置固定资产、出售无形资产(所有权的让渡)取得的收入,是企业非日常活动取得的收入,属于企业的利得,不作为企业计提业务招待费、广告费和业务宣传费的基数。

(3) 2016 年 1 月 1 日起至 2020 年 12 月 31 日,化妆品制造或销售、医药制造和饮料制造(不含酒类制造)企业发生的广告费和业务宣传费支出,不超过当年销售(营业)收入 30%的部分,准予扣除;超过部分,准予在以后纳税年度结转扣除。

(4) 2016 年 1 月 1 日起至 2020 年 12 月 31 日,对签订广告费和业务宣传费分摊协议(以下简称分摊协议)的关联企业,其中一方发生的不超过当年销售(营业)收入税前扣除限额比例内的广告费和业务宣传费支出可以在本企业扣除,也可以将其中的部分或全部按照分摊协议归集至另一方扣除。另一方在计算本企业广告费和业务宣传费支出企业所得税税前扣除限额时,可将按照上述办法归集至本企业的广告费和业务宣传费不计算在内。

(5) 烟草企业的烟草广告费和业务宣传费支出,一律不得在计算应纳税所得额时扣除。

9) 环境保护专项资金

企业依照法律、行政法规有关规定提取的用于环境保护、生态恢复等方面的专项资金,准予扣除。上述专项资金提取后改变用途的,不得扣除,已经扣除的,则应计入企业的当期应纳税所得额,缴纳企业所得税。

10) 租赁费

企业根据生产经营活动的需要租入固定资产支付的租赁费,按照以下方法扣除:

(1) 以经营租赁方式租入固定资产发生的租赁费支出,按照租赁期限均匀扣除。

(2) 以融资租赁方式租入固定资产发生的租赁费支出,按照规构成融资租入固定资产价值的部分应当提取折旧费用,分期扣除。

11) 劳动保护支出

企业发生的合理的劳动保护支出,准予扣除。

12) 总机构分摊的费用

非居民企业在中国境内设立的机构、场所,就其中国境外总机构发生的与该机构、场所生产经营有关的费用,能够提供总机构出具的费用汇集范围、定额、分配依据和方法等证明文件,合理分摊的,准予扣除。

13) 公益性捐赠

企业通过公益性社会组织或者县级(含县级)以上人民政府及其组成部门和直属机构,用于慈善活动、公益事业的捐赠支出,在年度利润总额 12%以内的部分,准予在计算应纳税所得额时扣除；超过年度利润总额12%的部分，准予结转以后三年内在计算应纳税所得额时扣除。

14）固定资产折旧

在计算应纳税所得额时，企业按照规定计算的固定资产旧，准予扣除。

（四）不得税前扣除的项目

企业在计算应纳税所得额时，下列支出不得扣除：

（1）向投资者支付的股息、红利等权益性投资收益款项。

（2）企业所得税税款。

（3）税收滞纳金。

（4）罚金、罚款和被没收财物的损失。

（5）超过规定标准的捐赠支出。

（6）赞助支出，是指企业发生的与生产经营活动无关的各种非广告性质支出。申报扣除的广告费支出，必须符合下列条件：广告是通过工商部门批准的专业机构制作的；已实际支付费用，并已取得相应发票；通过一定的媒体传播。

（7）未经核定的准备金支出，是指不符合国务院财政、税务主管部门规定的各项资产减值准备、风险准备等准备金支出。

（8）企业之间支付的管理费、企业内营业机构之间支付的租金和特许权使用费，以及非银行企业内营业机构之间支付的利息。

（9）与取得收入无关的其他支出。

（五）亏损弥补

税法规定，企业某一纳税年度发生的亏损可以用下一年度的所得弥补，下一年度的所得不足以弥补的，可以逐年延续弥补，但最长不得超过5年。而且，企业在汇总计算缴纳企业所得税时，其境外营业机构的亏损不得抵减境内营业机构的盈利。

自2018年1月1日起，当年具备高新技术企业或科技型中小企业资格的企业，其具备资格年度前5个年度发生的尚未弥补完的亏损，准予结转以后年度弥补，最长结转年限由5年延长至10年。

【温馨提示】

（1）企业自开始生产经营的年度，为开始计算企业损益的年度。企业从事生产经营之前进行筹办活动期间发生筹办费用支出，不得计算为当期的亏损，可以在开始经营之日的当年一次性扣除，也可以按照税法有关长期待摊费用的处理规定处理，但一经选定，不得改变。

（2）自2010年12月1日起，税务机关对企业以前年度纳税情况进行检查时调增的应纳税所得额，凡企业以前年度发生亏损且该亏损属于企业所得税法允许弥补的，可将允许调增的应纳税所得额弥补该亏损。弥补该亏损后仍有余额的，按照企业所得税法规定计算缴纳企业所得税。对检查调增的应纳税所得额，主管税务机关根据其情节，依照《中华人民共和国税收征收管理法》(以下简称《征管法》)有关规定进行处理或处罚。以前(含2008年度之前)没有处理的事项，按本规定执行。

五、资产的税务处理

企业的各项资产，包括固定资产、生物资产、无形资产、长期待摊费用、投资资产、存货等，以历史成本为计税基础。企业持有各项资产期间资产增值或者减值，除国务院财政、税务主管部门规定可以确认损益外，不得调整该资产的计税基。

(一) 固定资产的税务处理

在计算应纳税所得额时，企业按照规定计算的固定资产折旧，准予扣除。

1. 固定资产计算折旧的最低年限

除国务院财政、税务主管部门另有规定外，其最低年限如下：

(1) 房屋、建筑物，为20年。

(2) 飞机、火车、轮船、机器、机械和其他生产设备，为10年。

(3) 与生产经营活动有关的器具、工具、家具等，为5年。

(4) 飞机、火车、轮船以外的运输工具，为4年。

(5) 电子设备，为3年。

2. 不得计算折旧的固定资产：

(1) 房屋、建筑物以外未投入使用的固定资产。

(2) 以经营租赁方式租人的固定资产。

(3) 以融资租赁方式租出的固定资产。

(4) 已足额提取折旧仍继续使用的固定资产。

(5) 与经营活动无关的固定资产。

(6) 单独估价作为固定资产入账的土地。

(7) 其他不得计算折旧扣除的固定资产。

(二) 生产性生物资产的税务处理

生产性生物资产，是指企业为生产农产品、提供劳务或者出租等而持有的生物资产，包括经济林、薪炭林、产畜和役畜等。

生产性生物资产按照直线法计算的折旧，准予扣除，其最低年限如下：

(1) 林木类生产性生物资产，为10年。

(2) 畜类生产性生物资产，为3年。

(三) 无形资产的税务处理

无形资产按照直线法计算的摊销费用，准予扣除，其摊销年限不得低于10年。

下列无形资产不得计算摊销费用扣除：

（1）自行开发的支出已在计算应纳税所得额时扣除的无形资产。

（2）自创商誉。

（3）与经营活动无关的无形资产。

（4）其他不得计算摊销费用扣除的无形资产。

（四）长期待摊费用的税务处理

在计算应纳税所得额时，企业发生的下列支出作为长期待摊费用，按照规定摊销的，准予扣除：

（1）已足额提取折旧的固定资产的改建支出。

（2）租入固定资产的改建支出。

（3）固定资产的大修理支出。

（4）其他应当作为长期待摊费用的支出。

自支出发生月份的次月起，分期摊销，摊销年限不得低于3年。

（五）投资资产的税务处理

投资资产，是指企业对外进行权益性投资和债权性投资形成的资产。

企业对外投资期间，投资资产的成本在计算应纳税所得额时不得扣除；企业在转让或者处置投资资产时，投资资产的成本，准予扣除。

（六）存货的税务处理

企业使用或者销售存货，按照规定计算的存货成本，准予计算应纳税所得额时扣除。

（七）转让资产的税务处理

企业转让资产，该项资产的净值，准予在计算应纳税所得时扣除。

六、资产损失税前扣除的所得税处理

资产损失是指企业在生产经营活动中实际发生的、与取得应税收入有关的资产损失，包括现金损失、存款损失、坏账损失、贷款损失、股权投资损失、固定资产和存货的盘亏、毁损、报废、被盗损失、自然灾害等不可抗力因素造成的损失以及其他损失。

企业向税务机关申报扣除资产损失，仅需填报企业所得税年度纳税申报表《资产损失税前扣除及纳税调整明细表》，不再报送资产损失相关资料。相关资料由企业留存备查。企业应当完整保存资产损失相关资料，保证资料的真实性、合法性。

企业发生的资产损失，应在按税收规定实际确认或者实际发生的当年申报扣除，不得提前或延后。因各类原因导致资产损失未能在发生当年准确计算并按期扣除的，不能结转在以后年度扣除；经税务机关批准后，可追补确认在损失发生的年度税前扣除，不能改变该项资产损失发生的所属年度，并相应调整该资产损失发生年度的应纳所得税额。

调整后计算的多缴税额，可在审批确认年度企业所得税应纳税款中予以抵缴，抵缴不足的，可以在以后年度递延抵缴；企业资产损失发生年度扣除追补确认的损失后如出现亏损，首先应调整资产损失发生年度的亏损额，然后按弥补亏损的原则计算以后年度多缴的企业所得税税款，并按前款执行。

企业对外进行权益性投资所发生的损失，在经确认的损失发生年度，作为企业损失在计算企业应纳税所得额时一次性扣除。

【案例解说】

2012 年某企业发生亏损 50 万元，2013 年盈利 40 万元，2014 年亏损 10 万元，2015 年盈利 5 万元，2016 年亏损 10 万元，2017 年盈利 30 万元。

该企业 2012 年的亏损额可以向以后年度结转，最长可弥补至 2017 年的所得。首先，先用 2013 年的所得弥补 40 万元，弥补后还剩余 10 万元，可用 2015 年的所得弥补 5 万元亏损，弥补后仍剩余 5 万元，可用 2017 年的所得弥补。同理 2014 年、2016 年亏损都可以向以后年度结转，弥补以后年度的所得。

七、主要税收优惠

国家对重点扶持和鼓励发展的产业和项目，给予企业所得税优惠。《企业所得税法》及其实施条例规定的企业所得税的税收优惠方式包括免税、减税、加计扣除、加速折旧、减计收入、税额抵免和低税率等。

（一）免税收入规定

企业的下列收入为免税收入：

（1）国债利息收入。企业购买国债，不管是一级市场还是二级市场购买，其利息收入均享受免税优惠，但对于企业在二级市场转让国债获得的收入，需作为转让财产收入计算缴纳企业所得税。

（2）符合条件的居民企业之间的股息、红利等权益性投资收益。其条件包括：

① 仅限于居民企业直接投资于其他居民企业取得的投资收益。对居民企业之间的非直接投资取得的权益性投资收益及居民企业对非居民企业权益性投资收益不享受免税优惠。

② 不包括连续持有居民企业公开发行并上市流通的股票不足 12 个月取得的投资收益。

（3）在中国境内设立机构、场所的非居民企业从居民企业取得与该机构、场所有实际联系的股息、红利等权益性投资收益。它需要具备以下两个条件：

① 非居民企业从居民企业取得与该机构、场所有实际联系的股息、红利等权益性投资收益，需要与其在境内设立的机构、场所有实际联系；

② 不包括连续持有居民企业公开发行并上市流通的股票不足12个月取得的投资收益。

(4) 符合条件的非营利组织的收入。

该收入不包括非营利组织从事营利性活动取得的收入，但国务院财政、税务主管部门另有规定的除外。

【延展阐述】

企业到期前转让国债，或者从非发行者投资购买的国债，其持有期间尚未兑付的国债利息收入，按以下公式计算确定：

国债利息收入＝国债金额×(适用年利率÷365)×持有天数

“国债金额”，按国债发行面值或发行价格确定；“适用年利率”按国债票面年利率或折合年收益率确定；如企业不同时间多次购买同一品种国债的，“持有天数”可按平均持有天数计算确定。

(二) 免征与减征所得税优惠

企业的下列所得，可以免征或减征企业所得税。

1. 从事农、林、牧、渔业项目的所得

该项所得的优惠包括免征和减征两部分。但企业如果从事国家限制和禁止发展的项目，不得享受下述所得税优惠。

(1) 企业从事下列项目的所得，免征企业所得税：

① 蔬菜、谷物、薯类、油料、豆类、棉花、麻类、糖料、水果、坚果的种植(不包括水果和坚果等的采集)。

② 农作物新品种的选育。

③ 中药材的种植(不包括用于杀虫和杀菌目的的植物的种植)。

④ 林木的培育和种植。

⑤ 牲畜、家禽的饲养(不包括鸟类的饲养和其他珍禽的饲养)。

⑥ 林产品的采集(不包括咖啡、可可等饮料作物的采集)。

⑦ 灌溉、农产品初加工、兽医、农技推广、农机作业和维修等农、林、牧、渔服务业项目(不包括水利工程的建设、水利工程的管理、对动物的检疫)。

⑧ 远洋捕捞。

(2) 企业从事下列项目的所得，减半征收企业所得税：

① 花卉、茶以及其他饮料作物和香料作物的种植(不括茶叶的精加工、可可和咖啡的精加工、香料的提取和制造等活动)。

② 海水养殖、内陆养殖。

【延展阐述】

企业采取“公司＋农户”经营模式从事牲畜、家禽的饲养，即公司与农户签订委托养殖合同，向农户提供畜禽苗、饲料、兽药及疫苗等［所有权（产权）仍属于公司］，农户将畜禽养大成为成品后交付公司回收。鉴于采取“公司＋农户”经营模式的企业，虽不直接从事畜禽的养殖，但系委托农户饲养，并承担诸如市场、管理、采购、销售等经营职责及绝大部分经营管理风险，公司和农户是劳务外包关系。为此，对此类以“公司＋农户”经营模式从事农、林、牧、渔业项目生产的企业，可以按照规定，享受减免企业所得税优惠政策。

2. 从事国家重点扶持的公共基础设施项目投资经营的所得

企业从事《公共基础设施项目企业所得税优惠目录》规定的港口码头、机场、铁路、公路、城市公共交通、电力、水利等项目的投资经营所得，自该项目已建成并投入运营后所取得的第一笔生产经营收入所属纳税年度起，第一年至第三年免征企业所得税，第四年至第六年减半征收企业所得税，即“三免三减半”。企业同时从事不在《公共基础设施项目企业所得税优惠目录》范围内的项目取得的所得，应与享受优惠的公共基础设施项目所得分开核算，并合理分摊期间费用，没有分开核算的，不得享受上述企业所得税优惠。

对饮水工程运营管理单位从事《公共基础设施项目企业所得税优惠目录》规定的饮水工程新建项目投资经营的所得，自项目取得第一笔生产经营收入所属纳税年度起，第一年至第三年免征企业所得税，第四年至第六年减半征收企业所得税。

企业投资经营符合《公共基础设施项目企业所得税优惠目录》规定条件和标准的公共基础设施项目，采用一次核准、分批次（如码头、泊位、航站楼、跑道、路段、发电机组等）建设的，凡同时符合以下条件的，可按每一批次为单位计算所得，并享受企业所得税“三免三减半”优惠：

（1）不同批次在空间上相互独立。

（2）每一批次自身具备取得收入的功能。

（3）以每一批次为单位进行会计核算，单独计算所得，并合理分摊期间费用。

但企业承包经营、承包建设和内部自建自用上述规定的项目，不得享受上述企业所得税优惠。

3. 从事符合条件的环境保护、节能节水项目的所得

企业从事包括公共污水处理、公共垃圾处理、沼气综合开发利用、节能减排技术改造、海水淡化等环境保护、节能节水项目的所得，自该项目取得第一笔生产经营收入所属纳税年度起，第一年至第三年免征企业所得税，第四年至第六年减半征收企业所得税，即“三免三减半”。

4. 从事符合条件的集成电路生产企业、集成电路设计企业和软件企业的所得

集成电路线宽小于0.8微米（含）的集成电路生产企业，经认定后，在2017年12月

31日前自获利年度起计算优惠期，第一年至第二年免征企业所得税，第三年至第五年按照25%的法定税率减半征收企业所得税，并享受至期满为止。

集成电路线宽小于0.25微米或投资额超过80亿元的集成电路生产企业，经认定后，减按15%的税率征收企业所得税，其中经营期在15年以上的，在2017年12月31日前自获利年度起计算优惠期，第一年至第五年免征企业所得税，第六年至第十年按照25%的法定税率减半征收企业所得税，并享受至期满为止。

我国境内新办的集成电路设计企业和符合条件的软件企业，经认定后，在2017年12月31日前自获利年度起计算优惠期，第一年至第二年免征企业所得税，第三年至第五年按照25%的法定税率减半征收企业所得税，并享受至期满为止。

我国境内新办的集成电路设计企业和符合条件的软件企业，经认定后，在2017年12月31日前自获利年度起计算优惠期，第一年至第二年免征企业所得税，第三年至第五年按照25%的法定税率减半征收企业所得税，并享受至期满为止。

【延展阐述】

(1) 集成电路生产企业，是指以单片集成电路、多芯片集成电路、混合集成电路制造为主营业务并同时符合下列条件的企业：

① 在中国境内(不包括港、澳、台地区)依法注册并在发展改革、工业和信息化部门备案的居民企业。

② 汇算清缴年度具有劳动合同关系且具有大学专科以上学历职工人数占企业月平均职工总人数的比例不低于40%，其中研究开发人员占企业月平均职工总数的比例不低于20%。

③ 拥有核心关键技术，并以此为基础开展经营活动，且汇算清缴年度研究开发费用总额占企业销售(营业)收入(主营业务收入与其他业务收入之和，下同)总额的比例不低于5%；其中，企业在中国境内发生的研究开发费用金额占研究开发费用总额的比例不低于60%。

④ 汇算清缴年度集成电路制造销售(营业)收入占企业收入总额的比例不低于60%。

⑤ 具有保证产品生产的手段和能力，并获得有关资质认证(包括ISO质量体系认证)。

⑥ 汇算清缴年度未发生重大安全、重大质量事故或严重环境违法行为。

(2) 集成电路设计企业是指以集成电路设计为主营业务并同时符合下列条件的企业：

① 在中国境内(不包括港、澳、台地区)依法注册的居民企业。

② 汇算清缴年度具有劳动合同关系且具有大学专科以上学历的职工人数占企业月

平均职工总人数的比例不低40%，其中研究开发人员占企业月平均职工总数的比例不低于20%。

③ 拥有核心关键技术，并以此为基础开展经营活动，且汇算清缴年度研究开发费用总额占企业销售（营业）收入总额的比例不低于6%；其中，企业在中国境内发生的研究开发费用金额占研究开发费用总额的比例不低于60%。

④ 汇算清缴年度集成电路设计销售（营业）收入占企业收入总额的比例不低于60%，其中集成电路自主设计销售（营业）收入占企业收入总额的比例不低于50%。

⑤ 主营业务拥有自主知识产权。

⑥ 具有与集成电路设计相适应的软硬件设施等开发环境（如EDA工具、服务器或工作站等）。

⑦ 汇算清缴年度未发生重大安全、重大质量事故或严重环境违法行为。

（3）软件企业是指以软件产品开发销售（营业）为主营业务并同时符合下列条件的企业：

① 在中国境内（不包括港、澳、台地区）依法注册的居民企业。

② 汇算清缴年度具有劳动合同关系且具有大学专科以上学历的职工人数占企业月平均职工总人数的比例不低于40%，其中研究开发人员占企业月平均职工总数的比例不低于20%。

③ 拥有核心关键技术，并以此为基础开展经营活动，且汇算清缴年度研究开发费用总额占企业销售（营业）收入总额的比例不低于6%；其中，企业在中国境内发生的研究开发费用金额占研究开发费用总额的比例不低于60%。

④ 汇算清缴年度软件产品开发销售（营业）收入占企业收入总额的比例不低于50%（嵌入式软件产品和信息系统集成产品开发销售（营业）收入占企业收入总额的比例不低于40%），其中：软件产品自主开发销售（营业）收入占企业收入总额的比例不低于40%（嵌入式软件产品和信息系统集成产品开发销售（营业）收入占企业收入总额的比例不低于30%）。

⑤ 主营业务拥有自主知识产权。

⑥ 具有与软件开发相适应软硬件设施等开发环境（如合法的开发工具等）。

⑦ 汇算清缴年度未发生重大安全、重大质量事故或严重环境违法行为。

5. 符合条件的技术转让所得

一个纳税年度内，居民企业技术转让所得不超过500万元的部分，免征企业所得税；超过500万元的部分，减半征收企业所得税。

【延展阐述】

（1）技术转让的范围，包括居民企业转让专利技术、计算机软件著作权、集成电路布图设计权、植物新品种、生物医药新品种，以及财政部和国家税务总局确定的其他技术。

(2) 符合条件的技术转让，是指居民企业转让其拥有符合规定技术的所有权或5年以上(含5年)全球独占许可使用权的行为。

(3) 技术转让应签订技术转让合同。其中，境内的技术转让须经省级以上(含省级)科技部门认定登记，跨境的技术转让须经省级以上(含省级)商务部门认定登记，涉及财政经费支持产生技术的转让，需省级以上(含省级)科技部门审批。

(4) 居民企业技术出口应由有关部门按照商务部、科技部发布的《中国禁止出口限制出口技术目录》(商务部 科技部令2008年第12号)进行审查。居民企业取得禁止出口和限制出口技术转让所得，不享受技术转让减免企业所得税优惠政策。

(5) 居民企业从直接或间接持有股权之和达到100%的关联方取得的技术转让所得，不享受技术转让减免企业所得税优惠政策。

(6) 符合条件的技术转让所得应按以下方法计算：

技术转让所得＝技术转让收入－技术转让成本－相关税费

技术转让收入是指当事人履行技术转让合同后获得的价款，不包括销售或转让设备、仪器、零部件、原材料等非技术性收入。不属于与技术转让项目密不可分的技术咨询、技术服务、技术培训等收入，不得计入技术转让收入。

技术转让成本是指转让的无形资产的净值，即该无形资产的计税基础减除在资产使用期间按照规定计算的摊销扣除额后的余额。

相关税费是指技术转让过程中实际发生的有关税费，包括除企业所得税和允许抵扣的增值税以外的各项税金及其附加、合同签订费用、律师费等相关费用及其他支出。

(7) 享受技术转让所得减免企业所得税优惠的企业，应单独计算技术转让所得，并合理分摊企业的期间费用；没有单独计算的，不得享受技术转让所得企业所得税优惠。

(三) 高新技术企业优惠

国家重点扶持的高新技术企业，减按15%的税率征收企业所得税。国家重点扶持的高新技术企业，是指拥有核心自主知识产权，并同时符合下列条件的企业：

(1) 产品(服务)属于《国家重点支持的高新技术领域》规定的范围。

(2) 研究开发费用占销售收入的比例不低于规定比例。

(3) 高新技术产品(服务)收入占企业总收入的比例不低于规定比例。

(4) 科技人员占企业职工总数的比例不低于规定比例。

(5) 高新技术企业认定管理办法规定的其他条件。

(四) 小型微利企业优惠

年应纳税所得额低于100万元(含100万元)的小型微利企业，其所得减按50%计入应纳税所得额，按20%的税率缴纳企业所得税。

小型微利企业，是指从事国家非限制和禁止行业，并符合下列条件的企业：

（1）工业企业，年度应纳税所得额不超过100万元，从业人数不超过100人，资产总额不超过3 000万元。

（2）其他企业，年度应纳税所得额不超过100万元，从业人数不超过80人，资产总额不超过1 000万元。

【延展阐述】

（1）非居民企业不适用小型微利企业优惠政策。

（2）从业人数，包括与企业建立劳动关系的职工人数和企业接受的劳务派遣用工人数。

所称从业人数和资产总额指标，应按企业全年的季度平均值确定。具体计算公式如下：

季度平均值＝（季初值＋季末值）÷2

全年季度平均值＝全年各季度平均值之和÷4

（3）年度中间开业或者终止经营活动的，以其实际经营期作为一个纳税年度确定上述相关指标。

（五）加计扣除优惠

加计扣除优惠包括以下两项内容。

1. 开发新技术、新产品、新工艺发生的研究开发费用

企业为开发新技术、新产品、新工艺发生的研究开发费用，未形成无形资产计入当期损益的，在按照规定据实扣除的基础上，按照研究开发费用的50％加计扣除；形成无形资产的，按照无形资产成本的150％摊销。

科技型中小企业开展研发活动中实际发生的研发费用，未形成无形资产计入当期损益的，在按规定据实扣除的基础上，在2017年1月1日至2019年12月31日期间，再按照实际发生额的75％在税前加计扣除；形成无形资产的，在上述期间按照无形资产成本的175％在税前摊销。

2. 安置残疾人员及国家鼓励安置的其他就业人员所支付的工资

企业安置残疾人员的，在按照支付给残疾职工工资据实扣除的基础上，按照支付给残疾职工工资的100％加计扣除。

残疾人员的范围适用《中华人民共和国残疾人保障法》的有关规定。

【延展阐述】

企业享受安置残疾职工工资100％加计扣除应同时具备如下条件：

（1）依法与安置的每位残疾人签订了1年以上（含1年）的劳动合同或服务协议，并且安置的每位残疾人在企业实际上岗工作。

（2）为安置的每位残疾人按月足额缴纳了企业所在区县人民政府根据国家政策规定的基本养老保险、基本医疗保险、失业保险和工伤保险等社会保险。

（3）定期通过银行等金融机构向安置的每位残疾人实际支付了不低于企业所在区县适用的经省级人民政府批准的最低工资标准的工资。

（4）具备安置残疾人上岗工作的基本设施。

（六）创业投资企业优惠

创业投资企业从事国家需要重点扶持和鼓励的创业投资，可以按投资额的一定比例抵扣应纳税所得额。

创业投资企业优惠是指创业投资企业采取股权投资方式投资于未上市的中小高新技术企业2年以上的，可以按照其投资额为70%在股权持有满2年的当年抵扣该创业投资企业的应纳税所得额；当年不足抵扣的，可以在以后纳税年度结转抵扣。

公司制创业投资企业采取股权投资方式直接投资于种子期、初创期科技型企业（以下简称初创科技型企业）满2年（24个月，下同）的，可以按照投资额的70%在股权持有满2年的当年抵扣该公司制创业投资企业的应纳税所得额；当年不足抵扣的，可以在以后纳税年度结转抵扣。

有限合伙制创业投资企业（以下简称合伙创投企业）采取股权投资方式直接投资于初创科技型企业满2年的，该合伙创投企业的合伙人分别按以下方式处理：

（1）法人合伙人可以按照对初创科技型企业投资额的70%抵扣法人合伙人从合伙创投企业分得的所得；当年不足抵扣的，可以在以后纳税年度结转抵扣。

（2）个人合伙人可以按照对初创科技型企业投资额的70%抵扣个人合伙人从合伙创投企业分得的经营所得；当年不足抵扣的，可以在以后纳税年度结转抵扣。

天使投资个人采取股权投资方式直接投资于初创科技型企业满2年的，可以按照投资额的70%抵扣转让该初创科技型企业股权取得的应纳税所得额；当期不足抵扣的，可以在以后取得转让该初创科技型企业股权的应纳税所得额时结转抵扣。

天使投资个人在试点地区投资多个初创科技型企业的，对其中办理注销清算的初创科技型企业，天使投资个人对其投资额的70%尚未抵扣完的，可自注销清算之日起36个月内抵扣天使投资个人转让其他初创科技型企业股权取得的应纳税所得额。

【延展阐述】

（1）初创科技型企业，应同时符合以下条件：

① 在中国境内（不包括港、澳、台地区）注册成立、实行查账征收的居民企业。

② 接受投资时，从业人数不超过200人，其中具有大学本科以上学历的从业人数不低于30%；资产总额和年销售收入均不超过3 000万元。

③ 接受投资时设立时间不超过5年（60个月）。

④ 接受投资时以及接受投资后2年内未在境内外证券交易所上市。

⑤ 接受投资当年及下一纳税年度，研发费用总额占成本费用支出的比例不低于20%。

(2) 创业投资企业，应同时符合以下条件：

① 在中国境内(不含港、澳、台地区)注册成立、实行查账征收的居民企业或合伙创投企业，且不属于被投资初创科技型企业的发起人。

② 符合《创业投资企业管理暂行办法》(发展改革委等10部门令第39号)规定或者《私募投资基金监督管理暂行办法》(证监会令第105号)关于创业投资基金的特别规定，按照上述规定完成备案且规范运作。

③ 投资后2年内，创业投资企业及其关联方持有被投资初创科技型企业的股权比例合计应低于50%。

(3) 享受该优惠政策的投资，仅限于通过向被投资初创科技型企业直接支付现金方式取得的股权投资，不包括受让其他股东的存量股权。

(七) 加速折旧优惠

企业的固定资产由于技术进步等原因，确需加速折旧的，可以缩短折旧年限或者采取加速折旧的方法。可以采取以上方法的固定资产，包括：

(1) 由于技术进步，产品更新换代较快的固定资产。

(2) 常年处于强震动、高腐蚀状态的固定资产。

采取缩短折旧年限方法的，最低折旧年限不得低于规定折旧年限的60%；采取加速折旧方法的，可以采取双倍余额递减法或者年数总和法。

企业外购的软件，凡符合固定资产或无形资产确认条件的，可以按照固定资产或无形资产进行核算，其折旧或摊销年限可以适当缩短，最短可为2年(含)。

集成电路生产企业的生产设备，其折旧年限可以适当缩短，最短可为3年(含)。

生物药品制造业，专用设备制造业，铁路、船舶、航空航天和其他运输设备制造业，计算机、通信和其他电子设备制造业，仪器仪表制造业，信息传输、软件和信息技术服务业等6个行业的企业2014年1月1日后新购进的固定资产(包括自行建造)，允许按不低于企业所得税法规定折旧年限的60%缩短折旧年限，或选择采取双倍余额递减法或年数总和法进行加速折旧。

上述6个行业的小型微利企业新购进的研发和生产经营共用的仪器、设备，单位价值不超过500万元的，允许一次性计入当期成本费用在计算应纳税所得额时扣除，不再分年度计算折旧；单位价值超过500万元的，可缩短折旧年限或采取加速折旧的方法。

轻工、纺织、机械、汽车等四个领域重点行业(以下简称四个领域重点行业)企业2015年1月1日后新购进的固定资产(包括自行建造)，允许缩短折旧年限或采取加速折旧方法。

企业在2018年1月1日至2020年12月31日期间新购进的设备、器具(不含房屋、建筑物),单位价值不超过500万元的,允许一次性计入当期成本费用在计算应纳税所得额时扣除,不再分年度计算折旧;单位价值超过500万元的,允许按不低于企业所得税法规定折旧年限的60%缩短折旧年限,或选择采取双倍余额递减法或年数总和法进行加速折旧。

(八) 减计收入优惠

企业以《资源综合利用企业所得税优惠目录》规定的资源件为主要原材料,生产国家非限制和禁止并符合国家和行业相关标准的产品取得的收入,减按90%计入收入总额。

(九) 税额抵免优惠

企业购置并实际使用《环境保护专用设备企业所得税优惠目录》、《节能节水专用设备企业所得税优惠目录》和《安全生产专用设备企业所得税优惠目录》规定的环境保护、节能节水、安全的生产等专用设备的,该专用设备的投资额的10%可以从企业当年的应纳税额中抵免;当年不足抵免的,可以在以后5个纳税年度结转抵免。

享受以上企业所得税优惠的企业,应当实际购置并自身实际投入使用上述规定的专用设备;企业购置上述专用设备在5年内转让、出租的,应当停止享受企业所得税优惠,并补缴已经抵免的企业所得税税款。

承租方企业以融资租赁方式租入的、并在融资租赁合同中约定租赁期届满时租赁设备所有权转移给承租方企业,且符合规定条件的上述专用设备。凡融资租赁期届满后租赁设备所有权未转移至承租方企业的,承租方企业应停止享受抵免企业所得税优惠,并补缴已经抵免的企业所得税税款。

【延展阐述】

专用设备投资额,是指购买专用设备发票价税合计价格,但不包括按有关规定退还的增值税税款以及设备运输、安装和调试等费用。

当年应纳税额,是指企业当年的应纳税所得额乘以适用税率,扣除依照企业所得税法和国务院有关税收优惠规定以及税收过渡优惠规定减征、免征税额后的余额。

企业利用自筹资金和银行贷款购置专用设备的投资额,可以按企业所得税法的规定抵免企业应纳所得税额;企业利用财政拨款购置专用设备的投资额,不得抵免企业应纳所得税额。

(十) 非居民企业优惠

非居民企业在中国境内未设立机构、场所的,或者虽设立机构、场所但取得的所得与其所设机构、场所没有实际联系的,其来源于中国境内的所得缴纳企业所得税时,减按10%的税率征收。但该类非居民企业取得的下列所得可以免征企业所得税:

(1) 外国政府向中国政府提供贷款取得的利息所得。

(2) 国际金融组织向中国政府和居民企业提供优惠贷款取得的利息所得。

(3) 经国务院批准的其他所得。

【延展阐述】

国际金融组织，包括国际货币基金组织、世界银行、亚洲开发银行、国际开发协会、国际农业发展基金、欧洲投资银行以及财政部和国家税务总局确定的其他国际金融组织；所称优惠贷款，是指低于金融企业同期同类贷款利率水平的贷款。

八、应纳所得税额的计算

（一）居民企业应纳税额的计算

基本计算公式为：

应纳税额＝应纳税所得额×适用税率－减免税额－抵免税额

在实际过程中，应纳税所得额的计算一般有两种方法。

1. 直接计算法

在直接计算法下，企业每一纳税年度的收入总额减除不征税收入、免税收入、各项扣除以及允许弥补的以前年度亏损后的余额为应纳税所得额。计算公式为

应纳税所得额＝收入总额－不征税收入－免税收入－各项扣除金额－允许弥补的以前年度亏损

2. 间接计算法

在间接计算法下，在会计利润总额的基础上加上或减去按照税法规定调整的项目金额后，即为应纳税所得额。计算公式为

应纳税所得额＝会计利润总额±纳税调整项目金额

纳税调整项目金额包括两方面的内容：一是企业财务会计制度规定的项目范围与税法规定的项目范围不一致应予以调整的金额；二是企业财务会计制度规定的扣除标准与税法规定的扣除标准不一致应予以调整的金额。

【案例解说】

山水有限公司为居民企业，2017 年发生经营业务如下：

（1）取得产品销售收入 4 000 万元。

（2）发生产品销售成本 2 600 万元。

（3）发生销售费用 770 万元（其中广告费 650 万元）；管理费用 480 万元（其中业务招待费 25 万元，新技术开发费用 40 万元）；财务费用 60 万元。

（4）各类税款 160 万元（含增值税 120 万元）。

（5）营业外收入 80 万元，营业外支出 50 万元（含通过公益性社会团体向贫困山区捐款 30 万元，支付税收滞纳金 6 万元）。

(6) 计入成本、费用中的实发工资总额200万元、拨缴工会经费5万元、发生职工福利费31万元、发生职工教育经费17万元。

要求:计算该企业2017年度实际应纳的企业所得税。

(1) 会计利润总额=4 000+80-2 600-770-480-60-40-50=80(万元)。

(2) 广告费应调增所得额=650-4 000×15%=650-600=50(万元)。

(3) 业务招待费应调增所得额=25-25×60%=25-15=10(万元)。

4 000×5‰=20(万元)>25×60%=15(万元)。

(4) 新技术开发费用应调减所得额=40×50%=20(万元)。

(5) 捐赠支出应调增所得额=30-80×12%=20.4(万元)。

(6) 税收滞纳金应调增所得额6万元。

(7) 工会经费应调增所得额=5-200×2%=1(万元)。

(8) 职工福利费应调增所得额=31-200×14%=3(万元)。

(9) 职工教育经费当年应调增所得额=17-200×8%=1(万元)。

(10) 应纳税所得额=80+50+10-20+20.4+6+1+3+1=151.4(万元)。

(11) 2017年应缴企业所得税=151.4×25%=37.85(万元)。

【案例解说】

文清有限责任公司为居民企业,2017年发生主营业务如下:全年取得主营业务收入5 600万元,发生主营业务成本4 000万元;其他业务收入800万元,其他业务成本660万元;取得购买国债的利息收入40万元;缴纳主营业务税金及附加300万元;发生的管理费用760万元,其中新技术的研究开发费用60万元、业务招待费用70万元;发生财务费用200万元;取得直接投资其他居民企业的权益性收益30万元(已在投资方所在地按15%的税率缴纳了企业所得税);取得营业外收入100万元,发生营业外支出250万元(其中含公益捐赠38万元)。

要求:计算该企业2017年应纳的企业所得税。

(1) 利润总额=5 600+800+40+30+100-4 000-660-300-760-200-250=400(万元)。

(2) 国债利息收入免征企业所得税,应调减所得额40万元。

(3) 技术开发费调减所得额=60×50%=30(万元)。

(4) 按实际发生业务招待费的60%计算=70×60%=42(万元)。

按营业收入的5‰计算=(5 600+800)×5‰=32(万元)。

按照规定税前扣除限额应为32万元,实际应调增应纳税所得额=70-32=38(万元)。

(5) 取得直接投资其他居民企业的权益性收益属于免税收入,应调减应纳税所得额30万元。

(6) 捐赠扣除标准＝400×12%＝48(万元)。

实际捐赠额38万元小于扣除标准48万元,可按实捐数扣除,不作纳税调整。

(7) 应纳税所得额＝400－40－30＋38－30＝338(万元)。

(8) 该企业2017年应缴纳企业所得税＝338×25%＝84.5(万元)。

(二) 境外所得抵扣税额的计算

企业取得的下列所得已在境外缴纳的所得税税额,可以从其当期应纳税额中抵免,抵免限额为该项所得依照税法规定计算的应纳税额;超过抵免限额的部分,可以在以后5个年度内,用每年度抵免限额抵免当年应抵税额后的余额进行抵补。

(1) 居民企业来源于中国境外的应税所得。

(2) 非居民企业在中国境内设立机构、场所,取得发生在中国境外但与该机构、场所有实际联系的应税所得。

(三) 居民企业核定征收应纳税额的计算

根据《企业所得税法》及其实施条例、《征管法》及其实施细则的有关规定,核定征收企业所得税的有关规定如下。

1. 核定征收企业所得税的范围

居民企业纳税人具有下列情形之一的,核定征收企业所得税:

(1) 依照法律、行政法规的规定可以不设置账簿的。

(2) 依照法律、行政法规的规定应当设置但未设置账簿的。

(3) 擅自销毁账簿或者拒不提供纳税资料的。

(4) 虽设置账簿,但账目混乱或者成本资料、收入凭证、费用凭证残缺不全,难以查账的。

(5) 发生纳税义务,未按照规定的期限办理纳税申报,经税务机关责令限期申报,逾期仍不申报的。

(6) 申报的计税依据明显偏低,又无正当理由的。

特殊行业、特殊类型的纳税人和一定规模以上的纳税人不适用上述办法。

2. 核定征收的办法

税务机关应根据纳税人的具体情况,对核定征收企业所得税的纳税人,核定应税所得率或者核定应纳所得税额。

应纳税所得额＝应税收入额×应税所得率

或　　＝成本(费用)支出额÷(1－应税所得率)×应税所得率

上述“应税收入额”等于收入总额减去不征税收入和免税收入后的余额。

用公式表示为:

应税收入额＝收入总额－不征税收入－免税收入

实行应税所得率方式核定征收企业所得税的纳税人,经营多业的,无论其经营项目是否单独核算，均由税务机关根据其主营项目确定适用的应税所得率。

（四）非居民企业应纳税额的计算

对于在中国境内未设立机构、场所的，或者虽设立机构、场所但取得的所得与其所设机构、场所没有实际联系的非居民企业的所得，按照下列方法计算应纳税所得额：

（1）股息、红利等权益性投资收益和利息、租金、特许权使用费所得，以收入全额为应纳税所得额。

（2）转让财产所得，以收入全额减除财产净值后的余额为应纳税所得额。

（3）其他所得，参照前两项规定的方法计算应纳税所得额。

扣缴义务人在每次向非居民企业支付或者到期应支付所得时，应从支付或者到期应支付的款项中扣缴企业所得税。

扣缴企业所得税应纳税额计算公式如下：

扣缴企业所得税应纳税额＝应纳税所得额×实际征收率

应纳税所得额的计算，按上述1至3的规定为标准；实际征收率是指《企业所得税法》及其实施条例等相关法律法规规定的税率，或者税收协定规定的更低的税率。

九、特别纳税调整

特别纳税调整是指企业与其关联方之间的业务往来，不符合独立交易原则而减少企业或者其关联方应纳税收入或者所得额的，税务机关有权按照合理方法进行调整。企业与其关联方共同开发、受让无形资产，或者共同提供、接受劳务发生的成本，在计算应纳税所得额时应当按照独立交易原则进行分摊。

上述所称关联方是指与企业有下列关联关系之一的企业、其他组织或者个人，具体指：

（1）在资金、经营、购销等方面存在直接或者间接的控制关系。

（2）直接或者间接地同为第三者控制。

（3）在利益上具有相关联的其他关系。

上述所称独立交易原则，是指没有关联关系的交易各方，按照公平成交价格和营业常规进行业务往来遵循的原则。

【延展阐述】

关联关系，具体是指企业与其他企业、组织或个人具有下列之一关系：

（1）一方直接或间接持有另一方的股份总和达到25%以上，或者双方直接或间接同为第三方所持有的股份达到25%以上。若一方通过中间方对另一方间接持有股份，只要一方对中间方持股比例达到25%以上，则一方对另一方的持股比例按照中间方对另一方的持股比例计算。

(2) 一方与另一方(独立金融机构除外)之间借贷资金占一方实收资本50%以上,或者一方借贷资金总额的10%以上是由另一方(独立金融机构除外)担保。

(3) 一方半数以上的高级管理人员(包括董事会成员和经理),或至少一名可以控制董事会的董事会高级成员是由另方委派;或者双方半数以上的高级管理人员(包括董事会成员和经理),或至少一名可以控制董事会的董事会高级成员同为第三方委派。

(4) 一方半数以上的高级管理人员(包括董事会成员和经理)同时担任另一方的高级管理人员(包括董事会成员和经理),或者一方至少一名可以控制董事会的董事会高级成员同时担任另一方的董事会高级成员。

(5) 一方的生产经营活动必须由另一方提供的工业产权、专有技术等特许权才能正常进行。

(6) 一方的购买或销售活动主要由另一方控制。

(7) 一方接受或提供劳务主要由另一方控制。

(8) 一方对另一方的生产经营、交易具有实质控制,或者双方在利益上具有相关联的其他关系,包括虽未达到前述第1项持股比例,但一方与另一方的主要持股方享受基本相同的经济利益,以及家族、亲属关系等。

十、征收管理

(一) 纳税地点

(1) 除税收法律、行政法规另有规定外,居民企业以企业登记注册地为纳税地点;但登记注册地在境外的,以实际管理机构所在地为纳税地点。企业注册登记地是指企业依照国家有关规定登记注册的住所地。

(2) 居民企业在中国境内设立不具有法人资格的营业机构的,应当汇总计算并缴纳企业所得税。企业汇总计算并缴纳企业所得税时,应当统一核算应纳税所得额,具体办法由国务院财政、税务主管部门另行制定。

(3) 非居民企业在中国境内设立机构、场所的,应当就其所设机构、场所取得的来源于中国境内的所得,以及发生在中国境外但与其所设机构、场所有实际联系的所得,以机构、场所所在地为纳税地点。非居民企业在中国境内设立两个或者两个取上机构、场所的,可以选择由其主要机构、场所汇总缴纳企业所得税。非居民企业选择汇总缴纳企业所得税后,需要增设、合并、迁移、关闭机构、场所或停止机构、场所业务的,应当事先由负责汇总申报缴纳企业所得税的主要机构、场所向其所在地税务机关报告;需要变更汇总缴纳企业所得税的主要机构、场所的,依照上述规定办理。

(4) 非居民企业在中国境内未设立机构、场所的,或者虽设立机构、场所但取得的所得与其所设机构、场所没有实际联系的,以扣缴义务人所在地为纳税地点。

(5) 除国务院另有规定外,企业之间不得合并缴纳企业所得税。

（二）纳税期限

企业所得税按年计征，分月或者分季预缴，年终汇算清缴，多退少补。

企业所得税的纳税年度，自公历1月1日起至12月31日止。企业在一个纳税年度的中间开业，或者由于合并、关闭等原因终止经营活动，使该纳税年度的实际经营期不足12个月的，应当以其实际经营期为一个纳税年度。企业清算时，应当以清算期间作为一个纳税年度。

正常情况下，企业自年度终了之日起5个月内，向主管税务机关报送年度企业所得税纳税申报表，并汇算清缴，结清应缴应退税款。企业在年度中间终止经营活动的，应当自实际经营终止之日起60日内，向税务机关办理当期企业所得税汇算清缴。

（三）纳税申报

按月或按季预缴的，应当自月份或者季度终了之日起15 日内，向税务机关报送预缴企业所得税纳税申报表，预缴税款。

企业在报送企业所得税纳税申报表时，应当按照规定附送财务会计报告或其他有关资料。

企业应当在办理注销登记前，就其清算所得向税务机关申报并依法缴纳企业所得税。

企业在纳税年度内无论盈利或者亏损，都应当依照《企业所得税法》第五十四条规定的期限，向税务机关报送预缴企业所得税纳税申报表、年度企业所得税纳税申报表、财务会计报告和税务机关规定应当报送的其他有关资料。

（四）跨地区经营汇总纳税企业所得税征收管理

(1) 居民企业在中国境内跨地区(指跨省、自治区、直辖市和计划单列市，下同)设立不具有法人资格的营业机构、场所(以下称分支机构)的，该居民企业为汇总纳税企业，除另有规定外，适用本规定。

(2) 企业实行“统一计算、分级管理、就地预缴、汇总清算、财政调库”的企业所得税征收管理办法。

(3) 总机构和具有主体生产经营职能的二级分支机构，就地分期预缴企业所得税。

二级分支机构及其下属机构均由二级分支机构集中就地预缴企业所得税三级及以下分支机构不就地预缴企业所得税，其经营收入、职工工资和资产总额统一计入二级分支机构。

(4) 总机构设立具有独立生产经营职能部门，且具有独立生产经营职能部门的经营收入、职工工资和资产总额与管理职能部门分开核算的，可将具有独立生产经营职能的部门视同一个分支机构，就地预缴企业所得税。

(5) 不具有主体生产经营职能，且在当地不缴纳增值税的产品售后服务、内部研发、仓储等企业内部辅助性的二级及以下分支机构，不就地预缴企业所得税。

(6) 上年度认定为小型微利企业的，其分支机构不就地预缴企业所得税。

(7) 新设立的分支机构，设立当年不就地预缴企业所得税。

(五) 合伙企业所得税的征收管理

自 2008 年 1 月 1 日起，合伙企业缴纳的所得税按下列规定处理：

(1) 合伙企业以每一个合伙人为纳税义务人。合伙企业合伙人是自然人的，缴纳个人所得税；合伙人是法人和其他组织的，缴纳企业所得税。

(2) 合伙企业生产经营所得和其他所得采取“先分后税”的原则。具体应纳税所得额的计算按照《关于个人独资企业和合伙企业投资者征收个人所得税的规定》(财税〔2000〕91 号)及《财政部　国家税务总局关于调整个体工商户个人独资企业和合伙企业个人所得税税前扣除标准有关问题的通知》(财税〔2008〕65 号)的有关规定执行。

以上所称生产经营所得和其他所得，包括合伙企业分配给所有合伙人的所得和企业当年留存的所得(利润)。

(3) 合伙企业的合伙人是法人和其他组织的，合伙人在计算其缴纳企业所得税时，不得用合伙企业的亏损抵减其盈利。

十一、税收优惠专题

(一) 研发费用加计扣除专题

鼓励企业从事新技术、新产品、新工艺的研究开发活动是《中华人民共和国企业所得税法》税收优惠的重点内容之一。企业为获得科学与技术新知识，创造性运用科学技术新知识，或实质性改进技术、产品(服务)、工艺而持续进行的具有明确目标的系统性活动而实际发生的研发费用，未形成无形资产计入当期损益的，在按规定据实扣除的基础上，按照本年度实际发生额的 50%，从本年度应纳税所得额中扣除；形成无形资产的，按照无形资产成本的 150%在税前摊销。

为进一步激励中小企业加大研发投入，支持科技创新，2017 年 4 月，国务院常务会议决定提高科技型中小企业研究开发费用税前加计扣除比例，2017 年 5 月财政部、税务总局、科技部先后下发了具体落实科技型中小企业研发费用加计扣除所得税优惠政策。科技型中小企业为获得科学与技术新知识，创造性运用科学技术新知识，或实质性改进技术、产品(服务)、工艺而持续进行的具有明确目标的系统性活动而实际发生的研发费用，未形成无形资产计入当期损益的，在按规定据实扣除的基础上，在 2017 年 1 月 1 日至 2019 年 12 月 31 日期间，再按照实际发生额的 75%在税前加计扣除；形成无形资产的，在上述期间按照无形资产成本的 175%在税前摊销。

1. 研发费用加计扣除政策要点

1) 研发费用加计扣除条件

适用于会计核算健全、实行查账征收并能够准确归集研发费用的居民企业。也就说，以下三类企业不得享受：

（1）会计核算不健全。

（2）征收方式为核定征收。

（3）非居民企业。

2）不适用税前加计扣除政策的行业

（1）烟草制造业。

（2）住宿和餐饮业。

（3）批发和零售业。

（4）房地产业。

（5）租赁和商务服务业。

（6）娱乐业。

（7）财政部和国家税务总局规定的其他行业。

3）允许加计扣除的研发费用

并不是所有研发费用都可以加计扣除。根据规定，研发费用的具体范围包括：

（1）人员人工费用。

直接从事研发活动人员的工资薪金、基本养老保险费、基本医疗保险费、失业保险费、工伤保险费、生育保险费和住房公积金，以及外聘研发人员的劳务费用。

（2）直接投入费用。

研发活动直接消耗的材料、燃料和动力费用。

用于中间试验和产品试制的模具、工艺装备开发及制造费，不构成固定资产的样品、样机及一般测试手段购置费，试制产品的检验费。

用于研发活动的仪器、设备的运行维护、调整、检验、维修等费用，以及通过经营租赁方式租入的用于研发活动的仪器、设备租赁费。

（3）折旧费用。

用于研发活动的仪器、设备的折旧费。

（4）无形资产摊销。

用于研发活动的软件、专利权、非专利技术（包括许可证、专有技术、设计和计算方法等）的摊销费用。

（5）新产品设计费、新工艺规程制定费、新药研制的临床试验费、勘探开发技术的现场试验费。

（6）其他相关费用。

与研发活动直接相关的其他费用，如技术图书资料费、资料翻译费、专家咨询费、高新科技研发保险费，研发成果的检索、分析、评议、论证、鉴定、评审、评估、验收费用，知识产权的申请费、注册费、代理费，差旅费、会议费等。此项费用总额不得超过可加计扣除研发费用总额的10%。

（7）财政部和国家税务总局规定的其他费用。

4）不适用研发费用加计扣除的活动

（1）企业产品（服务）的常规性升级。

（2）对某项科研成果的直接应用，如直接采用公开的新工艺、材料、装置、产品、服务或知识等。

（3）企业在商品化后为顾客提供的技术支持活动。

（4）对现存产品、服务、技术、材料或工艺流程进行的重复或简单改变。

（5）市场调查研究、效率调查或管理研究。

（6）作为工业（服务）流程环节或常规的质量控制、测试分析、维修维护。

（7）社会科学、艺术或人文学方面的研究。

文件明确企业为获得创新性、创意性、突破性的产品进行创意设计活动而发生的相关费用，可按照规定进行税前加计扣除。

创意设计活动是指多媒体软件、动漫游戏软件开发，数字动漫、游戏设计制作；房屋建筑工程设计（绿色建筑评价标准为三星）、风景园林工程专项设计；工业设计、多媒体设计、动漫及衍生产品设计、模型设计等。

5）研发费用税前加计扣除政策对企业会计核算要求

企业应按照国家财务会计制度要求，对研发支出进行会计处理。研发项目立项时应设置研发支出辅助账，由企业留存备查；为规范辅助账管理，国家税务总局公告2015年第97号按照研发活动的类别分别设计了辅助账及辅助账汇总表样式，企业可以参照编制。

6）研发费用税前加计扣除政策在预缴是否能享受优惠

根据《国家税务总局关于发布〈企业所得税优惠事项办理办法〉的公告》（国家税务总局公告2015年第76号）的规定，研发费用税前加计扣除政策属汇缴享受优惠项目，因此企业实际发生的研发费用，在年度中间预缴所得税时，允许据实计算扣除，在年度终了进行所得税年度汇算清缴纳税申报时，再依照规定享受加计扣除优惠政策。

7）对研发项目产生异议的处理

税务机关对企业享受加计扣除优惠的研发项目有异议的，可以转请地市级（含）以上科技行政主管部门出具鉴定意见，科技部门应及时回复意见。企业承担省部级（含）以上科研项目的，以及以前年度已鉴定的跨年度研发项目，不再需要鉴定。

8）企业委托研发过程中发生的研发费用加计扣除的处理

委托研发情形下，考虑到涉及商业秘密等原因，财税〔2015〕119号规定，除受托方与委托方存在关联关系情况外，委托方加计扣除时不再需要提供研发项目的费用支出明细情况。国家税务总局公告2015年第97号进一步明确，委托方发生的费用，可按规定全额税前扣除，加计扣除时按照委托方发生费用的80%计算加计扣除。同时特别强调，委托个人研发的，应凭个人出具的发票等合法有效凭证计算税前加计扣除。

9）企业取得的财政性资金用于研发形成的研发支出的处理

《企业所得税法实施条例》规定，企业的不征税收入用于支出所形成的费用或者资产，不得扣除或者计算对应的折旧、摊销扣除。据此，国家税务总局公告2015年第97号明确企业取得作为不征税收入处理的财政性资金用于研发活动所形成的费用或无形资产，也不得计算加计扣除。当然，未作为不征税收入处理的财政性资金用于研发活动所形成的费用或无形资产，可按规定计算加计扣除。

10）应扣减可加计扣除的研发费用的特殊收入

企业开展研发活动中实际发生的研发费用可按规定享受加计扣除优惠政策，实际研发中常有已归集计入研发费用，但在当期取得的研发过程中形成的下脚料、残次品、中间试制品等特殊收入，此类收入均为与研发活动直接相关的收入，应冲减对应的可加计扣除的研发费用。为简便操作，国家税务总局公告2015年第97号明确，此类收入应冲减当期可加计扣除的研发费用，不足冲减的，允许加计扣除的研发费用按零计算。

生产单机、单品的企业，研发活动直接形成产品或作为组成部分形成的产品对外销售，产品所耗用的料、工、费全部计入研发费用享受加计扣除不符合政策鼓励本意。考虑到材料费用占比较大且易于计量，为强化政策导向，国家税务总局公告2015年第97号明确，研发活动直接形成产品或作为组成部分形成的产品对外销售的，研发费用中对应的材料费用不得加计扣除。

11）研发活动和非研发活动共用的人员及仪器、设备、无形资产在会计核算方面的要求

《国家税务总局关于企业研究开发费用税前加计扣除政策有关问题的公告》(国家税务总局公告2015年第97号)明确，企业从事研发活动的人员和用于研发活动的仪器、设备、无形资产，同时从事或用于非研发活动的，应对其人员活动及仪器设备、无形资产使用情况做必要记录，并将其实际发生的相关费用按实际工时占比等合理方法在研发费用和生产经营费用间分配，未分配的不得加计扣除。

12）科技型中小企业的概念

(1）根据《科技部 财政部 国家税务总局关于印发〈科技型中小企业评价办法〉的通知》(国科发政〔2017〕115号，以下简称115号文)规定：科技型中小企业须同时满足以下条件(4+1)：

① 在中国境内(不包括港、澳、台地区)注册的居民企业。

② 职工总数不超过500人、年销售收入不超过2亿元、资产总额不超过2亿元。

③ 企业提供的产品和服务不属于国家规定的禁止、限制和淘汰类。

④ 企业在填报上一年及当年内未发生重大安全、重大质量事故和严重环境违法、科

研严重失信行为，且企业未列入经营异常名录和严重违法失信企业名单。

（2）以及以下条件之一：

① 企业根据科技型中小企业评价指标进行综合评价所得分值不低于60分，且科技人员指标得分不得为0分。

② 企业拥有有效期内高新技术企业资格证书。

③ 企业近五年内获得过国家级科技奖励，并在获奖单位中排在前三名。

④ 企业拥有经认定的省部级以上研发机构。

⑤ 企业近五年内主导制定过国际标准、国家标准或行业标准。

（二）高新技术企业优惠专题

1. 高新技术企业所得税优惠的基本概念

根据国科发火〔2016〕32文的规定，高新技术企业是指在《国家重点支持的高新技术领域》内，持续进行研究开发与技术成果转化，形成企业核心自主知识产权，并以此为基础开展经营活动，在中国境内（不包括港、澳、台地区）注册的居民企业。

国家重点扶持的高新技术企业减按15%的税率征收企业所得税。

2. 高新技术企业优惠政策要点

1）高新技术企业的认定条件

认定为高新技术企业须同时满足以下条件：

（1）企业申请认定时须注册成立一年365个日历天数以上。

（2）企业通过自主研发、受让、受赠、并购等方式，获得对其主要产品（服务）在技术上发挥核心支持作用的知识产权的所有权，不具备知识产权的企业不能认定为高新技术企业。

（3）对企业主要产品（服务）发挥核心支持作用的技术属于《国家重点支持的高新技术领域》规定的范围。

（4）企业从事研发和相关技术创新活动的科技人员占企业当年职工总数的比例不低于10%。企业职工总数包括企业在职、兼职和临时聘用人员。在职人员可以通过企业是否签订了劳动合同或缴纳社会保险费来鉴别；兼职、临时聘用人员全年须在企业累计工作183天以上。

（5）企业近三个会计年度（实际经营期不满三年的按实际经营时间计算）的研究开发费用总额占同期销售收入总额（销售收入为主营业务收入与其他业务收入之和，主营业务收入与其他业务收入按照企业所得税年度纳税申报表的口径计算）的比例符合如下要求：

① 最近一年销售收入小于5 000万元（含）的企业，比例不低于5%。

② 最近一年销售收入在5 000万元至2亿元（含）的企业，比例不低于4%。

③ 最近一年销售收入在2亿元以上的企业，比例不低于3%。

其中，企业在中国境内发生的研究开发费用总额占全部研究开发费用总额的比例不低于 60%。

（6）近一年高新技术产品（服务）收入占企业同期总收入的比例不低于 60%（总收入是指收入总额减去不征税收入）。

（7）企业创新能力评价应达到相应要求。

（8）企业申请认定前一年内未发生重大安全、重大质量事故或严重环境违法行为。

2）取得高新技术企业资格后如何享受优惠

企业自高新技术企业资格自颁发证书之日起有效期为 3 年。自高新技术企业证书颁发之日所在年度起，减按 15%的税率征收企业所得税。并在其资格有效期内应每年 5 月底前通过“高新技术企业认定管理工作网”，报送上一年度知识产权、科技人员、研发费用、经营收入等年度发展情况报表；在同一高新技术企业资格有效期内，企业累计两年未按规定时限报送年度发展情况报表的，由认定机构取消其高新技术企业资格，在“高新技术企业认定管理工作网”上公告。

3）高新技术企业发生更名的处理

如果高新技术企业发生更名，应在更名后 3 个月内向认定机构报告。经认定机构审核符合认定条件的，其高新技术企业资格不变，重新核发认定证书，编号与有效期不变；不符合认定条件的，自更名年度起取消其高新技术企业资格。

4）跨认定机构管理区域整体迁移手续的处理

整体迁移是指符合《中华人民共和国公司登记管理条例》第二十九条所述情况。跨认定机构管理区域整体迁移的高新技术企业，须向迁入地认定机构提交有效期内的《高新技术企业证书》及迁入地工商等登记管理机关核发的完成迁入的相关证明材料，由迁入地认定机构给企业出具证明材料，并在“高新技术企业认定管理工作网”上公告，其高新技术企业资格和《高新技术企业证书》继续有效，编号与有效期不变。跨认定机构管理区域部分搬迁的，由迁入地认定机构重新认定。

5）被取消高新技术企业资格的处理

已认定的高新技术企业有下列行为之一的，由认定机构取消其高新技术企业资格：

（1）在申请认定过程中存在严重弄虚作假行为的。

（2）发生重大安全、重大质量事故或有严重环境违法行为的。

（3）未按期报告与认定条件有关重大变化情况，或累计两年未填报年度发展情况报表的。

对被取消高新技术企业资格的企业，由认定机构通知税务机关按《征管法》及有关规定，追缴其自发生上述行为之日所属年度起已享受的高新技术企业税收优惠。

已认定的高新技术企业，无论何种原因被取消高新技术企业资格的，当年不得再次申请高新技术企业认定。

3. 高新技术企业优惠备案管理

根据国家税务总局公告2017年第24号文要求，企业每年汇算清缴时应按照国家税务总局公告2015年第76号文规定向税务机关提交企业所得税优惠事项备案表、高新技术企业资格证书履行备案手续，同时妥善保管以下资料留存备查：

(1) 高新技术企业资格证书。

(2) 高新技术企业认定资料。

(3) 知识产权相关材料。

(4) 年度主要产品(服务)发挥核心支持作用的技术属于《国家重点支持的高新技术领域》规定范围的说明，高新技术产品(服务)及对应收入资料。

(5) 年度职工和科技人员情况证明材料。

(6) 当年和前两个会计年度研发费用总额及占同期销售收入比例、研发费用管理资料以及研发费用辅助账，研发费用结构明细表。

(7) 省税务机关规定的其他资料。

第二节　个人所得税

个人所得税是以个人(自然人)取得的各项应税所得为征税对象所征收的一种税。

一、纳税人

在中国境内有住所，或者虽无住所但在境内居住满1年，以及无住所又不居住或居住不满1年但从中国境内取得所得的个人，为个人所得税的纳税人。个人所得税纳税人包括中国公民、个体工商业户、个人独资企业和合伙企业投资者、在中国有所得的外籍人员(包括无国籍人员，下同)和香港、澳门、台湾同胞。上述纳税义务人依据住所和居住时间两个标准，区分为居民和非居民。

【延展阐述】

个人所得税的应税所得分为11个应税项目：

(1) 工资、薪金所得，是指个人因任职或者受雇而取得的工资、薪金、奖金、年终加薪、劳动分红、津贴、补贴以及与任职或者受雇有关的其他所得。

(2) 个体工商户的生产、经营所得，是指：

① 个体工商户从事工业、手工业、建筑业、交通运输业、商业、饮食业、服务业、修理业以及其他行业生产、经营取得的所得。

② 个人经政府有关部门批准，取得执照，从事办学、医疗、咨询以及其他有偿服务活动取得的所得。

③ 其他个人从事个体工商业生产、经营取得的所得。

④ 上述个体工商户和个人取得的与生产、经营有关的各项应纳税所得。

(3) 对企事业单位的承包经营、承租经营所得，是指个人承包经营、承租经营以及转包、转租取得的所得，包括个人按月或者按次取得的工资、薪金性质的所得。

(4) 劳务报酬所得，是指个人从事设计、装潢、安装、制图、化验、测试、医疗、法律、会计、咨询、讲学、新闻、广播、翻译、审稿、书画、雕刻、影视、录音、录像、演出、表演、广告、展览、技术服务、介绍服务、经纪服务、代办服务以及其他劳务取得的所得。

(5) 稿酬所得，是指个人因其作品以图书、报刊形式出版、发表而取得的所得。

(6) 特许权使用费所得，是指个人提供专利权、商标权、著作权、非专利技术以及其他特许权的使用权取得的所得；提供著作权的使用权取得的所得，不包括稿酬所得。

(7) 利息、股息、红利所得，是指个人拥有债权、股权而取得的利息、股息、红利所得。

(8) 财产租赁所得，是指个人出租建筑物、土地使用权、机器设备、车船以及其他财产取得的所得。

(9) 财产转让所得，是指个人转让有价证券、股权、建筑物、土地使用权、机器设备、车船以及其他财产取得的所得。

(10) 偶然所得，是指个人得奖、中奖、中彩以及其他偶然性质的所得。

(11) 经国务院财政部门确定征税的其他所得。

(一) 居民纳税义务人

在中国境内有住所，或者无住所，而在境内居住满1年的个人，为我国的居民纳税人，其所取得的应纳税所得，无论是来源于中国境内还是中国境外，都要在中国缴纳个人所得税。其中，居住1年以上5年以下的个人，其来源于中国境外的所得，经主管税务机关批准，可以只就由中国境内单位或个人支付的部分缴纳个人所得税；居住超过5年的个人，从第六年起，应当就其来源于中国境外的全部所得缴纳个人所得税。

(1) 在中国境内有住所的个人，是指因户籍、家庭、经济利益关系，而在中国境内习惯性居住的个人。

(2) 所谓在境内居住满1年，是指在一个纳税年度(即公历1月1日起至12月31日止，下同)内，在中国境内居住满365日。在一个纳税年度内，居住期间临时离境的(一次不超过30日或者多次累计不超过90日)，不扣减其在华居住的天数，连续计算。

(二) 非居民纳税义务人

在中国境内无住所又不居住，或者无住所而在境内居住不满1年的个人，是我国的非居民纳税人，仅就其来源于中国境内的所得，向中国缴纳个人所得税。

（1）在中国境内无住所而一个纳税年度内在境内连续或者累计工作不超过90日（或税收协定规定的183日）的个人，仅就其实际在中国境内工作期间由中国境内企业或者个人雇主支付或者由中国境内机构负担的工资薪金所得纳税，由中国境外雇主支付的工资薪金所得免予缴纳个人所得税。

（2）在中国境内无住所而在一个纳税年度内在境内连续或者累计共工作超过90日（或税收协定规定的183日）但不满1年的个人，仅就其来源于中国境内的所得缴纳个人所得税，在境外履职取得的工资薪金不缴纳个人所得税。担任企业董事或高层管理人员的有特殊规定。

涉外人员在境内连续居住不满5年纳税义务如表2-2所示：

表2-2 涉外人口在境内连续居住不满5年的纳税义务

居住时间	纳税人身份	来源于境内的所得		来源于境外的所得	
		境内支付	境外支付	境内支付	境外支付
不满90日	非居民纳税人	征税	免税	无纳税义务（高管交）	无纳税义务
满90日不满1年	非居民纳税人	征税	征税	无纳税义务（高管交）	无纳税义务
满1年不满5年	居民纳税人	征税	征税	征税	免税

【温馨提示】

对无住所的个人居住时间规定：

（1）判定纳税义务及计算在中国境内居住的天数：个人入境、离境、往返或多次往返境内外的当日，均按一天计算其在华实际逗留天数。

（2）对个人入境、离境当日以及计算在中国境内实际工作期间：入境、离境、往返或多次往返境内外的当日，均按半天计算在华实际工作天数。

【案例解说】

美国居民汤姆先生受其任职的境外公司委派，来中国从事技术指导工作。在境内停留1个月，期间取得境外公司支付的工资30 000元，取得中国体育彩票中奖收入10 000元。

因为汤姆先生在境内居住时间小于90天（或183天），仅就境内所得中境内支付的部分缴税，所以取得境外公司支付的工资30 000元不缴税，仅就偶然所得缴税。同时根据《财政部 国家税务总局关于个人取得体育彩票中奖所得征免个人所得税问题的通知》（财税字〔1998〕12号）文件的规定，对个人购买体育彩票中奖一次中奖收入不超过1万元的，暂免征收个人所得税。

（三）所得来源地的确定

下列所得，不论支付地点是否在中国境内，均为来源于中国境内的所得。

（1）在中国境内任职、受雇而取得的工资、薪金所得。

（2）在中国境内从事生产、经营活动而取得的生产、经营所得。

（3）因任职、受雇、履约等而在中国境内提供劳务取得的所得。

（4）将财产出租给承租人在中国境内使用而取得的所得。

（5）转让中国境内的建筑物、土地使用权等财产以及在中国境内转让其他财产取得的所得。

（6）提供各种特许权在中国境内使用而取得的所得。

（7）从中国境内的公司、企业以及其他经济组织或者个人取得的利息、股息、红利所得。

二、税率

（一）工资、薪金所得

工资、薪金所得税额如表 2-3 所示。

表 2-3　工资、薪金所得税率表

级数	全月应纳税所得额		税率	速算扣除数
	含税级距	不含税级距		
1	不超过 1 500 元的	不超过 1 455 元的	3%	0
2	超过 1 500 元至 4 500 元的部分	超过 1 455 元至 4 155 元的部分	10%	105
3	超过 4 500 元至 9 000 元的部分	超过 4 155 元至 7 755 元的部分	20%	555
4	超过 9 000 元至 35 000 元的部分	超过 7 755 元至 27 255 元的部分	25%	1 005
5	超过 35 000 元至 55 000 元的部分	超过 27 255 元至 41 255 元的部分	30%	2 755
6	超过 55 000 元至 80 000 元的部分	超过 41 255 元至 57 505 元的部分	35%	5 505
7	超过 80 000 元的部分	超过 57 505 元的部分	45%	13 505

【温馨提示】

本表所称全月应纳税所得额是指按照《中华人民共和国个人所得税法》（以下简称《个人所得税法》）第六条规定以每月收入额减除费用 3500 元及附加减除费用后的余额。

（二）个体工商户的生产、经营所得和企事业单位的承包经营、承租经营所得

个体工商户的生产、经营所得和企事业单位的承包经营、承租经营所得税率表如表 2-4所示。

表 2-4 个体工商户的生产、经营所得和企事业单位的承包经营、承租经营所得税率表

级数	全年应纳税所得额		税率	速算扣除数
	含税级距	不含税级距		
1	不超过 15 000 元的	不超过 14 250 元的	5%	0
2	超过 15 000 元至 30 000 元的部分	超过 14 250 元至 27 750 元的部分	10%	750
3	超过 30 000 元至 60 000 元的部分	超过 27 750 元至 51 750 元的部分	20%	3 750
4	超过 60 000 元至 100 000 元的部分	超过 51 750 元至 79 750 元的部分	30%	9 750
5	超过 100 000 元的部分	超过 79 750 元的部分	35%	14 750

【温馨提示】

(1) 本表所列含税级距与不含税级距，均为按照税法规定以每一纳税年度的收入总额减除成本、费用以及损失后的所得额。

(2) 含税级距适用于个体工商户的生产、经营所得和由纳税人负担税款的对企事业单位的承包经营、承租经营所得；不含税级距适用于由他人(单位)代付税款的对企事业单位的承包经营、承租经营所得。

(三) 劳务报酬所得

劳务报酬所得税率表如表 2-5 所示。

表 2-5 劳务报酬所得税率表

级数	每次应纳税所得额	税率	速算扣除数(元)
1	不超过 20 000 元的部分	20%	0
2	超过 20 000 元至 50 000 元的部分	30%	2 000
3	超过 50 000 元的部分	40%	7 000

【温馨提示】

本表为劳务报酬所得适用。劳务报酬所得按次纳税，属于一次性收入的，以取得该项收入为一次；属于同一项目连续性收入的，以一个月内取得的收入为一次。每次含税收入不超过 4 000 元(即不含税收入不超过 3 360 元)的，减除费用 800 元；含税收入 4 000 元以上(即不含税收入 3 360 元以上)的，减除 20%的费用，余额为应纳税所得额。

(四) 稿酬所得

稿酬所得，每次含税收入不超过 4 000 元(即不含税收入不超过 3 360 元)的，减除费用 800 元；含税收入 4 000 元以上(即不含税收入 3 360 元以上)的，减除 20%的费用，余额为应纳税所得额。

适用比例税率,税率为20%,并按应纳税额减征30%。

(五) 其他

特许权使用费所得、财产租赁所得、财产转让所得、利息、股息、红利所得、偶然所得、其他所得,适用比例税率,税率为20%。

三、应纳税额的计算

(一) 工资、薪金所得应纳税额的计算

工资、薪金所得应缴纳的个人所得税可以由纳税人直接缴纳,也可以由扣缴义务人扣缴。从2011年9月1日起,以纳税人每月取得的工资、薪金收入扣除费用3 500元(或4 800元)后的余额为应税所得,根据七级超额累进税率,计算应纳所得税额。

1. 一般情况下应纳税额的计算

基本公式:

应纳税额=应纳税所得额×适用税率-速算扣除数

=(每月收入额-3 500或4 800元)×适用税率-速算扣除数

其中适用附加减除费用(1 300元)的范围:

(1) 在中国境内的外商投资企业和外国企业中工作取得工资、薪金所得的外籍人员。

(2) 应聘在中国境内的企业、事业单位、社会团体、国家机关中工作取得工资、薪金所得的外籍专家。

(3) 在中国境内有住所而在中国境外任职或受雇取得工资、薪金所得的个人。

(4) 财政部确定的其他人员。

(5) 华侨和香港、澳门、台湾同胞。

【温馨提示】

华侨是指定居在国外的中国公民。

(1) 定居指中国公民已取得住在国长期或永久居留权,并已在住在国连续居留两年,两年内累计居留不少于18个月。

(2) 中国公民虽未取得住在国长期或永久居留权,但已取得住在国连续5年以上(含)合法居留资格,5年内在住在国累计居留不少于30个月,视为华侨。

(3) 中国公民出国留学(包括公派和自费)在外学习期间,或因公务出国(包括外派劳务人员)在外工作期间均不视为华侨。

【案例解说】

美国居民汤姆先生受其任职的境外公司委派,来中国从事技术指导工作。在境内停留1个月，期间取得境内公司支付的工资30 000元，境外公司支付的工资50 000元，计算其当月应纳个人所得税税额。

应缴纳个人所得税＝[(30 000＋50 000－4 800)×35%－5 505]×(30 000÷80 000)＝7 805.63(元)

2. 个人取得全年一次性奖金应纳税额的计算

(1) 全年一次性奖金是指行政机关、企事业单位等扣缴义务人根据其全年经济效益和对雇员全年工作业绩的综合考核情况，向雇员发放的一次性奖金。一次性奖金也包括年终加薪、实行年薪制和绩效工资办法的单位根据考核情况兑现的年薪和绩效工资。

【温馨提示】

(1) 在一个纳税年度内，对每一个纳税人，该计税办法只允许采用一次。

(2) 雇员取得除全年一次性奖金以外的其他各种名目奖金，如半年奖、季度奖、加班奖、先进奖、考勤奖等，一律与当月工资、薪金收入合并，按税法规定缴纳个人所得税。

(2) 全年一次性奖金单独作为一个月工资、薪金所得计算纳税。

首先比较当月工资薪金所得和税法规定的费用扣除额的大小，如果大于费用扣除额，则直接采用分步法计算；如果小于费用扣除额，则先以全年一次性奖金减除二者差额，再分步计算：

① 找税率。除以12个月，按其商数确定适用税率和速算扣除数。

② 算税额。按上述第①步确定的适用税率和速算扣除数计算征税。

【案例解说】

中国居民纳税人王某，2018年2月取得全年一次性奖金收入20 000元。

(1) 第一种情况：当月工资4 000元。

① 找税率：20 000/12＝1 666.67(元)，适用的税率为10%，速算扣数105。

② 算税额：一次性奖金应缴纳个人所得税＝20 000×10%－105＝1 895(元)。

当月工资缴纳个人所得税＝(4 000－3 500)×3%＝15(元)。

(2) 第二种情况：当月工资3 000元。

① 找税率：[20 000－(3 500－3 000)]÷12＝1 625(元)，适用的税率为10%，速算扣数105。

② 算税额：一次性奖金应缴纳个人所得税＝(20 000－500)×10%－105＝1 845(元)。

3. 个人因解除劳动合同取得一次性补偿收入应纳税额的计算

(1) 职工从破产企业取得的一次性安置费收入，免征个人所得税。

（2）个人与用人单位解除劳动关系取得的一次性补偿收入在当地上年职工平均工资3倍以内的部分，免征个人所得税；超过3倍数额部分，视为一次取得数月工资、薪金收入，以超过部分除以个人工作年限（超过12年按12年计算），以商数作为月工资、薪金收入计算个人所得税。

（3）个人领取一次性补偿收入时按照国家和地方政府规定的比例实际缴纳的住房公积金、医疗保险费、基本养老保险费、失业保险费，可以在计征其一次性补偿收入的个人所得税时予以扣除。

【案例解说】

居民纳税人王某2018年3月31日与企业解除劳动合同。其在企业工作年限为16年，领取经济补偿金94 800元，其所在地区上年职工平均工资为10 000元，个人领取一次性补偿收入时按照国家和地方政府规定的比例实际缴纳的住房公积金、医疗保险费、基本养老保险费、失业保险费合计12 000元，杨某应缴纳的个人所得税？

应税部分＝94 800－3×10 000－12 000＝52 800，折成月工资＝52 800/12＝4 400。

应缴纳个人所得税＝[（4 400－3 500）×3%]×12＝324（元）

（二）个体工商户个人所得应纳税额的计算

1. 计税基本规定

应纳税所得额＝收入总额－成本－费用－损失－税金－其他支出－允许弥补的以前年度亏损

（1）收入总额：其从事生产经营以及与生产经营有关的活动取得的货币形式和非货币形式的各项收入，包括销售货物收入、提供劳务收入、转让财产收入、利息收入、租金收入、接受捐赠收入、其他收入等7项收入。其他收入包括个体工商户资产溢余收入、逾期一年以上的未退包装物押金收入、确实无法偿付的应付款项、已作坏账损失处理后又收回的应收款项、债务重组收入、补贴收入、违约金收入、汇兑收益等。

（2）个体工商户下列支出不得扣除：个人所得税税款；税收滞纳金；罚金、罚款和被没收财物的损失；不符合扣除规定的捐赠支出；赞助支出；用于个人和家庭的支出；与取得生产经营收入无关的其他支出；国家税务总局规定不准扣除的支出。

（3）个体工商户生产经营活动中，应当分别核算生产经营费用和个人、家庭费用。对于生产经营与个人、家庭生活混用难以分清的费用，其40%视为与生产经营有关费用，准予扣除。

（4）个体工商户纳税年度发生的亏损，准予向以后年度结转，用以后年度的生产经营所得弥补，但结转年限最长不得超过5年。

2. 扣除项目及标准

（1）应付职工薪酬等相关费用的扣除如表2-6所示：

表 2-6 应付职工薪酬等相关费用的扣除

	从业人员	业主
工资薪金支出	实际支付可以据实扣除	不得税前扣除，按 3 500/月标准扣除
五险一金	规定的范围和标准缴纳的可扣	
补充养老保险费和补充医疗保险费	分别在不超过从业人员工资总额 5%标准内的部分据实扣除；超过部分，不得扣除。	当地（地级市）上年度社会平均工资的 3 倍为计算基数，分别在不超过该计算基数 5%标准内的部分据实扣除；超过部分，不得扣除。
商业保险	按规定为特殊工种从业人员支付的人身安全保险费和按规定可以扣除的其他商业保险费外，业主本人或为从业人员支付的商业保险费不得扣除。	
工会经费、职工福利费和职工教育经费支出	工资薪金总额的 2%、14%和 2.5%的标准内据实扣除	当地（地级市）上年度社会平均工资的 3 倍为计算基数，在规定比例内据实扣除。

（2）其他扣除：

个体工商户按照规定缴纳的摊位费、行政性收费、协会会费等，按实际发生数额扣除。

个体工商户自申请营业执照之日起至开始生产经营之日止所发生符合规定的费用，除为取得固定资产、无形资产的支出，以及应计入资产价值的汇兑损益、利息支出外，作为开办费，个体工商户可以选择在开始生产经营的当年一次性扣除，也可自生产经营月份起在不短于 3 年期限内摊销扣除，但一经选定，不得改变。

个体工商户每一纳税年度发生的与其生产经营活动直接相关的广告费和业务宣传费不超过当年销售（营业）收入 15%的部分，可以据实扣除；超过部分，准予在以后纳税年度结转扣除。

个体工商户通过公益性社会团体或者县级以上人民政府及其部门，用于规定的公益事业的捐赠，捐赠额不超过其应纳税所得额 30%的部分可以据实扣除。规定可以全额在税前扣除的捐赠支出项目按有关规定执行。但个体工商户直接对受益人的捐赠不得扣除。

个体工商户研究开发新产品、新技术、新工艺所发生的开发费用，以及研究开发新产品、新技术而购置单台价值在 10 万元以下的测试仪器和试验性装置的购置费准予直接扣除；单台价值在 10 万元以上（含 10 万元）的测试仪器和试验性装置，按固定资产管理，不得在当期直接扣除。

（3）个体户的下列支出不得扣除：

① 资本性支出。包括：为购置和建造固定资产、无形资产以及其他资产的支出，对外投资的支出。

② 被没收的财物、支付的罚款。

③ 缴纳的个人所得税，以及各种税收的滞纳金、罚金和罚款。

④ 各种赞助支出。

⑤ 自然灾害或者意外事故损失有赔偿的部分。

⑥ 分配给投资者的股利。

⑦ 用于个人的家庭的支出。

⑧ 与生产经营无关的其他支出。

⑨ 国家税务总局规定不准扣除的其他支出。

【案例解说】

王某为个体工商户的业主，且个人所得税征收方式是查账征收。2018 年 1 月至 4 月该个体户收入总额 100 万元，累计发生成本费用 80 万元，其中生产经营与家庭生活混用难以分清的费用 50 万元，可弥补以前年度亏损 40 万元，1 月至 3 月累计已预缴生产经营所得个人所得税 1.5 万元。计算机内甲应该缴纳的生产经营所得个人所得税。

收入总额＝1 000 000(元)

成本费用＝800 000－500 000＋500 000×0.4＝500 000(元)

利润总额＝1 000 000－500 000＝500 000(元)

弥补以前年度亏损＝400 000(元)

投资者减除费用＝3 500×4＝14 000(元)

应纳税所得额＝500 000－400 000－14 000＝86 000(元)

应纳税额＝86 000×30％－9 750＝16 050(元)

应补(退)税额＝16 050－15 000＝1 050(元)

3. 个人独资企业和合伙企业投资者个人所得应纳所得税额的计算

从 2000 年 1 月 1 日起，个人独资企业和合伙企业(以下简称企业)每一纳税年度的收入总额减除成本、费用以及损失后的余额，作为投资者个人的生产经营所得，比照个人所得税法的“个体工商户的生产经营所得”应税项目，适用 5％～35％的五级超额累进税率，计算征收个人所得税。个人独资企业以投资者为纳税人。合伙企业以每一个合伙人为纳税人，合伙企业合伙人是自然人的，缴纳个人所得税；合伙人是法人和其他组织的，缴纳企业所得税。

【延展阐述】

合伙企业的合伙人按照下列原则确定应纳税所得额：

(1) 合伙企业的合伙人以合伙企业的生产经营所得和其他所得，按照合伙协议约定的分配比例确定应纳税所得额。

(2) 合伙协议未约定或者约定不明确的，以全部生产经营所得和其他所得，按照合伙人协商决定的分配比例确定应纳税所得额。

(3) 协商不成的,以全部生产经营所得和其他所得,按照合伙人实缴出资比例确定应纳税所得额。

(4) 无法确定出资比例的,以全部生产经营所得和其他所得,按照合伙人数量平均计算每个合伙人的应纳税所得额。

合伙协议不得约定将全部利润分配给部分合伙人。

【温馨提示】

(1) 投资者及其家庭发生的生活费用不允许在税前扣除。投资者及其家庭发生的生活费用与企业生产经营费用混合在一起,并且难以划分的,全部视为投资者个人及其家庭发生的生活费用,不允许在税前扣除。

(2) 企业生产经营和投资者及其家庭生活共用的固定资产,难以划分的,由主管税务机关根据企业的生产经营类型、规模等具体情况,核定准予在税前扣除的折旧费用的数额或比例。

(3) 实行核定征税的投资者,不能享受个人所得税的优惠政策。

【案例解说】

王先生与合伙人在A市成立一家合伙企业甲,出资比例为1∶1。2018年年初,王先生向其主管税务机关报送了2017年度的所得税申报表以及预缴个人所得税纳税凭证。该合伙企业2017年度的主营业务收入70万元,其他业务收入10万元,营业成本43万元,销售费用15.5万元,管理费用8.5万元,其中包括业务招待费1.35万元,营业外支出5万元,利润总额8万元。年终企业未向合伙人实际分配利润。经税务部门审核,发现如下问题:

(1) 合伙企业在2016年度给每位合伙人支付工资4.8万元,已列支。

(2) 合伙企业每季度末向每名合伙人预付股利0.5万元,已列支。

(3) 销售费用账户列支广告费2.5万元和业务宣传费0.5万元。

(4) 其他业务收入10万元是合伙企业甲从被投资企业分回的红利。

(5) 营业外支出账户中包括合伙企业被工商管理部门处以的罚款1万元。向贫困小学生王某个人的捐赠1万元。企业合同违约支付违约金1万元。

王先生在B市另有乙合伙企业,按投资比例分得的2017年度应纳税所得6.4万元。经税务机关审核无调整事项。王先生选择从甲企业中扣除投资者费用。

根据以上资料计算:

(1) 合伙企业甲可在税前列支的广告费和业务宣传费。

(2) 甲的应纳税所得额。

(3) 王先生2017年度全年应缴个人所得税。

答案解析：

（1）广告费和业务宣传费：扣除限额＝70×15%＝10.5（万元），实际支出额低于限额，不需要调增应纳税税所得额。

业务招待费：扣除限额＝70×0.5%＝0.35（万元）与1.35×60%＝0.81（万元）比较，取其小为0.35万元，实际支出额为1.35万元，应调增所得额1万元。

可税前列支的广告费和业务宣传费为3万元，业务招待费0.35万元。

（2）甲合伙企业应纳税所得额＝8＋4.8×2＋0.5×4×2＋1＋1＋1－10＝14.6（万元）。

（3）王先生在甲企业生产经营所得应纳税所得额＝14.6×50%－0.35×12＝3.1（万元）。

2016年度汇总计算的应纳税所得额＝6.4＋3.1＝9.5（万元）。

全年应缴税额＝9.5×30%－0.975＋10×50%×20%＝2.875（万元）。

（三）企事业单位的承包经营、承租经营所得应纳所得税额的计算

应纳税额＝应纳税所得额×适用税率－速算扣除数

应纳税所得额＝每一纳税年度个人全年承包、承租经营收入总额－必要费用

全年承包、承租经营收入总额＝分得的经营利润＋承包者的工资、薪金

必要费用，即生计费用，每月3 500元。

【温馨提示】

（1）假设个人承包具有法人资格的酒店，酒店应先流转税、再其他税、后所得税。缴纳企业所得税后，才是税后利润（利润总额－所得税费用）。针对税后利润，承包人个人要上交承包费，这个承包费，是可以在计算个税时扣除的，最后剩余的是分得的经营利润。

（2）承包者的工资、薪金平时不用缴纳个税，最后与分得的经营利润合并计算个税。

（四）劳务报酬所得应纳所得税额的计算

（1）每次收入不足4 000元的，应纳税额＝（每次收入额－800）×20%。

（2）每次收入4 000元以上的，应纳税额＝每次收入额×（1－20%）×20%。

（3）每次收入的应纳税所得额超过20 000元以上的，应纳税额＝每次收入额×（1－20%）×税率－速算扣除数。

【案例解说】

歌星王某于2017年12月外出参加某公司品牌推广演出5场，每场出场费12 000元，付给中介费用10 000元。其应缴纳的个人所得税（不考虑其他税费）为：

应纳税所得额＝12 000×5×(1－20％)＝48 000(元)

应纳税额＝48 000×30％－2 000＝12 400(元)

【延展阐述】

(1) 劳务报酬所得，根据不同劳务项目的特点，分别规定为：

① 只有一次性收入的，以取得该项收入为一次。

② 属于同一项目连续取得收入的，以一个月内取得的收入为一次。

(2) 获得劳务报酬所得的纳税人从其收入中支付给中介人和相关人员的报酬，除另有规定者外，在定率扣除20％的费用后，一律不再扣除。对中介人和相关人员取得的报酬，应分别计征个人所得税。

(五) 稿酬所得应纳所得税额的计算

(1) 每次收入不足4 000元的，应纳税额＝(收入－800)×20％×(1－30％)。

(2) 每次收入4 000元以上的，应纳税额＝收入×(1－20％)×20％×(1－30％)。

(3) 每次收入的确定：以每次出版、发表取得的收入为一次。具体可分为：

① 个人每次以图书、报刊方式出版、发表同一作品，不论出版单位是预付还是分笔支付稿酬，或者加印该作品后再付稿酬，均应合并为一次征税。

② 在两处或两处以上出版、发表或再版同一作品而取得的稿酬，则可以分别各处取得的所得或再版所得分次征税。

③ 个人的同一作品在报刊上连载，应合并其因连载而取得的所得为一次。连载之后又出书取得稿酬的，或先出书后连载取得稿酬的，应视同再版稿酬分次征税。

(4) 作者去世后，对取得其遗作稿酬的个人，按稿酬所得征税。

【案例解说】

王先生的一篇小说先在某晚报上连载6个月，每月取得稿酬1 800元，然后送交出版社出版，一次取得稿酬20 000元，之后再版，获得稿酬10 000元，全部通过慈善机构捐赠给贫困山区。该作家因此需缴多少个人所得税？

答案解析：

(1) 同一作品在报刊上连载取得收入应纳个人所得税为：

1 800×6×(1－20％)×20％×(1－30％)＝1 209.6(元)

(2) 同一作品先报刊连载，再出版视为两次稿酬所得，应纳个人所得税为：

20 000×(1－20％)×20％×(1－30％)＝2 240(元)

(3) 再版稿酬应纳个人所得税：

10 000×(1－20％)×(1－30％)×20％×(1－30％)＝784(元)

(4) 共要缴纳个人所得税＝1 209.6＋2 240＋784＝4 233.6(元)。

(六) 特许权使用费所得应纳所得税额的计算

(1) 每次收入不足4 000元的,应纳税额＝(收入－800)×20%。

(2) 每次收入4 000元以上的,应纳税额＝收入×(1－20%)×20%。

【温馨提示】

对个人从事技术转让中所支付的中介费,若能提供有效合法凭证,允许从其所得中扣除。

【案例解说】

2017年中国公民刘某出版长篇小说,2月份收到预付稿酬15 000元,4月份小说正式出版收到稿酬15 000元;10月份将小说手稿在某国公开拍卖,拍卖收入折合人民币100 000元,支付中介费10 000元,并已按该国税法规定缴纳了个人所得税折合人民币10 000元。刘某以上收入在中国境内应缴纳个人所得税为:

(1) 稿酬所得应缴纳个人所得税＝(15 000＋15 000)×(1－20%)×20%×(1－30%)＝3 360(元)。

(2) 特许权使用费在我国应该缴纳的个人所得税＝(10 000－10 000)×(1－20%)×20%－10 000＝4 400(元)。

(3) 应缴纳个人所得税合计＝3 360＋4 400＝7 760(元)。

(七) 利息、股息、红利所得

应纳税额＝应纳税所得额×适用税率＝每次收入额×20%

(1) 股份制企业以股票形式向股东个人支付应得的股息、红利时,应以派发红股的股票票面金额为所得额计税。

(2) 上市公司股息红利差别化个人所得税政策:

个人从公开发行和转让市场取得的上市公司股票,持股期限在1个月以内(含1个月)的,其股息红利所得全额计入应纳税所得额;持股期限在1个月以上至1年(含1年)的,暂减按50%计入应纳税所得额;持股期限超过1年的,暂免征收。上述所得统一适用20%的税率计征个人所得税。(全国中小企业股份转让系统挂牌公司股息红利同此规定)

【温馨提示】

(1) 个人转让股票时按先进先出的原则计算持股期限,即证券账户中先取得的股票视为先转让。

(2) 对个人持有的上市公司限售股,解禁后取得的股息红利,持股时间自解禁日起计算;解禁前取得的股息红利继续暂减按 50%计入应纳税所得额,适用 20%的税率计征个人所得税。

(八) 财产租赁所得应纳所得税额的计算

财产租赁所得以一个月内取得的收入为一次。

(1) 每次收入不足 4 000 元的,应纳税额=(收入-800)×20%。

(2) 每次收入 4 000 元以上的,应纳税额=收入×(1-20%)×20%。

【延展阐述】

个人出租财产取得的财产租赁收入,在计算缴纳个人所得税时,应依次扣除以下费用:

(1) 财产租赁过程中缴纳的税费,包括城建税、房产税、教育费附加。

(2) 向出租方支付的租金。

(3) 由纳税人负担的该出租财产实际开支的修缮费用,每次 800 元为限,一次扣不完的,可在以后期扣除。

(4) 税法规定的费用扣除标准,租金 4 000 元以下扣除 800 元,4 000 元以上扣除 20%。

(5) 适用税率:20%。个人按市场价出租居民住房,税率为 10%。

(6) 公式:

每次(月)收入不超 4 000 元的:应纳税所得额=收入-扣除项目-修缮费用(800 元为限)-800(费用额)。

每次(月)收入超过 4 000 元的:应纳税所得额=[收入-扣除项目-修缮费用(800 元为限)]×(1-20%)。

(7) 个人出租房屋的个人所得税应税收入不含增值税,计算房屋出租所得可扣除的税费不包括本次出租缴纳的增值税。个人转租房屋的,其向房屋出租方支付的租金及增值税额,在计算转租所得时予以扣除。

【案例解说】

中国公民王某 1 月 1 日起将其位于市区的一套住房按市价出租,每月收取租金 3 860 元。1 月因卫生间漏水发生修缮费用 1 200 元,已取得合法有效的支出凭证。假设每月租金缴纳增值税 60 元。计算前两个月的应纳税额。

应纳个人所得税=(3 860-60-800-800)×10%+(3 860-60-400-800)×10%
=480(元)

(九) 财产转让所得应纳所得税额的计算

(1) 应纳税额=(收入总额-财产原值-合理税费)×20%。

(2) 个人转让房屋的个人所得税应税收入不含增值税，其取得房屋时所支付价款中包含的增值税计入财产原值，计算转让所得时可扣除的税费不包括本次转让缴纳的增值税。

(3) 有价证券的原值为买入价以及买入时按规定缴纳的有关费用。一般转让债权采用“加权平均法”确定。

$$\text{每次卖出债券应纳个人所得税额}=\left(\text{该次卖出该类债券收入}-\text{该次卖出该类债券允许扣除的买价和费用}\right)\times 20\%$$

$$\text{一次卖出某一种类的债券允许扣除的买价和费用}=\text{购进该种债券买入价和买进过程中缴纳的税费总和}\div\text{购进该种类债券总数量}\times\text{一次卖出的该种类债券数量}+\text{卖出的该种类债券过程中缴纳的税费}$$

【案例解说】

某人本期购入债券1 000份，每份买入价10元，支付购进买入债券的税费共计150元。本期内将买入的债券一次卖出600份，每份卖出价12元，支付卖出债券的税费共计110元。计算该个人售出债券应缴纳的个人所得税。

(1) 一次卖出债券应扣除的买价及费用＝(10×1 000＋150)÷1 000×600＋110＝6 200(元)。

(2) 应缴纳的个人所得税＝(600×12－6 200)×20%＝200(元)。

(4) 机器设备、车船的原值为购进价格、运输费用、安装费以及其他相关费用。

(5) 个人因购买和处置债权取得所得征收个人所得税

个人通过招标、竞拍或其他方式购置债权以后，通过相关司法或行政程序主张债权而取得的所得，应按照“财产转让所得”项目缴纳个人所得税。

个人通过上述方式取得“打包”债权，只处置部分债权的，其应纳税所得额按以下方式确定：

① 以每次处置部分债权的所得，作为一次财产转让所得征税。

② 其应税收入按照个人取得的货币资产和非货币资产的评估价值或市场价值的合计数确定。

③ 所处置债权成本费用(即财产原值)，按下列公式计算：

$$\text{当次处置债权成本费用}=\text{个人购置“打包”债权实际支出}\times\text{当次处置债权账面价值（或拍卖机构公布价值）}\div\text{“打包”债权账面价值（或拍卖机构公布价值）}$$

④ 个人购买和处置债权过程中发生的拍卖招标手续费、诉讼费、审计评估费以及缴纳的税金等合理税费，在计算个人所得税时允许扣除。

【案例解说】

2017年3月王某以拍卖方式花100 000元购入大华公司“打包债权”200 000元，其中甲欠大华公司100 000元，乙欠大华公司60 000元，丙欠大华公司40 000元。4月王某从乙债务人处追回款项50 000元。追回债权过程中发生有关税费3 000元。王某应缴纳个人所得税为：

处置债权成本费用＝100 000×60 000÷200 000＝30 000(元)

应纳税额＝(50 000－30 000－3 000)×20%＝3 400(元)

(十) 偶然所得和其他所得

应纳税额＝应纳税所得额×适用税率＝每次收入额×20%

四、减免税优惠

(一) 免税项目

(1) 省级人民政府、国务院部委和中国人民解放军军以上单位，以及外国组织颁发的科学、教育、技术、文化、卫生、体育、环境保护等方面的奖金。

(2) 国债和国家发行的金融债券利息。

(3) 个人取得的教育储蓄存款利息。

(4) 按照国务院规定发给的政府特殊津贴和国务院规定免纳个人所得税的补贴、津贴。

(5) 福利费(生活补助费)、抚恤金、救济金(生活困难补助费)。

(6) 保险赔款。

(7) 军人的转业费、复员费。

(8) 按照国家统一规定发给干部、职工的安家费、退职费、退休工资、离休工资、离休生活补助费。

离退休人员按规定领取离退休工资或养老金外，另从原任职单位取得的各类补贴、奖金、实物，不属于个人所得税法规定可以免税的退休工资、离休工资、离休生活补助费，应按“工资、薪金所得”应税项目的规定缴纳个人所得税。

(9) 依照我国有关法律规定应予免税的各国驻华使馆、领事馆的外交代表、领事官员和其他人员的所得。

(10) 中国政府参加的国际公约、签订的协议中规定免税的所得。

(11) 经国务院财政部门批准免税的所得。

(二) 减税项目

(1) 残疾、孤老、烈属的所得。

(2) 严重自然灾害造成重大损失的。

(3) 其他经国务院财政部门批准减税的。

【温馨提示】

(1) 减征幅度和期限，由省一级人民政府规定。

（2）对残疾人个人取得的劳动所得才适用减税规定，具体所得项目为：工资薪金所得、个体工商户的生产经营所得、对企业事业单位承包和承租所得，劳务报酬所得，稿酬所得和特许权使用费所得。

（三）暂免征税项目

（1）外籍个人以非现金形式或实报实销形式取得的住房补贴、伙食补贴、搬迁费、洗衣费。

（2）外籍个人按合理标准取得的境内、境外出差补贴。

（3）外籍个人取得的探亲费、语言训练费、子女教育费等，经当地税务机关审核批准为合理的部分。

（4）外籍个人从外商投资企业取得的股息、红利所得。

（5）凡符合条件的外籍专家取得的工资、薪金所得，可免征个人所得税。

（6）个人举报、协查各种违法、犯罪行为而获得的奖金。

（7）个人办理代扣代缴手续，按规定取得的扣缴手续费。

（8）个人转让自用达5年以上、并且是唯一的家庭生活用房取得的所得。

（9）对个人购买福利彩票、赈灾彩票、体育彩票，一次中奖收入在1万元以下的（含1万元）暂免征收个人所得税，超过1万元的，全额征收个人所得税。

（10）达到离休、退休年龄，但确因工作需要，适当延长离休、退休年龄的高级专家，其在延长离休、退休期间的工资、薪金所得，视同离休、退休工资免征个人所得税。

（11）城镇企业事业单位及其职工个人按照《中华人民共和国失业保险条例》规定的比例，实际缴付的失业保险费，均不计入职工个人当期的工资、薪金收入，免予征收个人所得税。

企业和个人按照国家或地方政府规定的比例，提取并向指定金融机构实际缴付的住房公积金、医疗保险金、基本养老保险金，免予征收个人所得税。

（12）个人领取原提存的住房公积金、医疗保险金、基本养老保险金，以及具备《失业保险条例》规定条件的失业人员领取的失业保险金，免予征收个人所得税。

（13）生育妇女按照县级以上人民政府根据国家制定的生育保险办法，取得的生育津贴、生育医疗费或者其他属于生育保险性质的津贴、补贴，免征个人所得税。

（14）对符合地方政府规定条件的低收入住房保障家庭从地方政府领取的住房租赁补贴，免征个人所得税。

（15）对从事个体经营的随军家属，自领取税务登记证之日起，3年内免征增值税和个人所得税。

（16）从事个体经营的军队转业干部，经主管税务机关批准，自领取税务登记证之日起，3年内免征增值税和个人所得税。

（17）对持《就业创业证》（注明“自主创业税收政策”或“毕业年度内自主创业税收政

策”)或《就业失业登记证》(注明“自主创业税收政策”或附着《高校毕业生自主创业证》)的人员从事个体经营的,在 3 年内按每户每年 8 000 元为限额依次扣减其当年实际应缴纳的增值税、城市维护建设税、教育费附加、地方教育附加和个人所得税。限额标准最高可上浮 20%,各省、自治区、直辖市人民政府可根据本地区实际情况在此幅度内确定具体限额标准,并报财政部和税务总局备案。

对商贸企业、服务型企业、劳动就业服务企业中的加工型企业和街道社区具有加工性质的小型企业实体,在新增加的岗位中,当年新招用在人力资源社会保障部门公共就业服务机构登记失业半年以上且持《就业创业证》或《就业失业登记证》(注明“企业吸纳税收政策”)人员,与其签订 1 年以上期限劳动合同并依法缴纳社会保险费的,在 3 年内按实际招用人数予以定额依次扣减增值税、城市维护建设税、教育费附加、地方教育附加和企业所得税优惠。定额标准为每人每年 4 000 元,最高可上浮 30%,各省、自治区、直辖市人民政府可根据本地区实际情况在此幅度内确定具体定额标准,并报财政部和税务总局备案。

上述税收优惠政策执行期限为 2017 年 1 月 1 日至 2019 年 12 月 31 日,按照备案减免税管理,纳税人应向主管税务机关备案。税收优惠政策在 2019 年 12 月 31 日未享受满 3 年的,可继续享受至 3 年期满为止。

(18) 对自主就业退役士兵从事个体经营的,在 3 年内按每户每年 8 000 元为限额依次扣减其当年实际应缴纳的增值税、城市维护建设税、教育费附加、地方教育附加和个人所得税。限额标准最高可上浮 20%,各省、自治区、直辖市人民政府可根据本地区实际情况在此幅度内确定具体限额标准,并报财政部和税务总局备案。

对商贸企业、服务型企业、劳动就业服务企业中的加工型企业和街道社区具有加工性质的小型企业实体,在新增加的岗位中,当年新招用自主就业退役士兵,与其签订 1 年以上期限劳动合同并依法缴纳社会保险费的,在 3 年内按实际招用人数予以定额依次扣减增值税、城市维护建设税、教育费附加、地方教育附加和企业所得税优惠。定额标准为每人每年 4 000 元,最高可上浮 50%,各省、自治区、直辖市人民政府可根据本地区实际情况在此幅度内确定具体定额标准,并报财政部和税务总局备案。

上述税收优惠政策执行期限为 2017 年 1 月 1 日至 2019 年 12 月 31 日,按照备案减免税管理,纳税人应向主管税务机关备案。税收优惠政策在 2019 年 12 月 31 日未享受满 3 年的,可继续享受至 3 年期满为止。

(19) 农村税费改革试点期间,取消农业特产税、减征或免征农业税后,对个人或个体户从事种植业、养殖业、饲养业、捕捞业,且经营项目属于农业税(包括农业特产税)、牧业税征税范围的,其取得的“四业”所得暂不征收个人所得税。

(20) 对外籍技术官员取得的由北京冬奥组委、测试赛赛事组委会支付的劳务报酬免征个人所得税。

（21）内地个人投资者通过沪港通投资香港联交所上市股票取得的转让差价所得，免征收个人所得税。

五、申报和缴税

（一）缴税方式

1. 源泉扣缴

（1）扣缴义务人在向个人支付下列所得时，应代扣代缴个人所得税：工资、薪金所得；对企事业单位的承包经营、承租经营所得；劳务报酬所得；稿酬所得；特许权使用费所得；利息、股息、红利所得；财产租赁所得；财产转让所得；偶然所得，以及经国务院财政部门确定征税的其他所得。

（2）扣缴义务人在向个人支付应纳税所得时，不论纳税人是否属于本单位人员，均应代扣代缴其应纳的个人所得税税款。

（3）法律责任：扣缴义务人应扣未扣、应收而不收税款的，由税务机关向纳税人追缴税款，对扣缴义务人处应扣未扣、应收未收税款50%以上3倍以下的罚款；纳税人、扣缴义务人逃避、拒绝或者以其他方式阻挠税务机关检查的，由税务机关责令改正，可以处1万元以下的罚款；情节严重的，处1万元以上5万元以下的罚款。

（4）代扣代缴税款的手续费率为2%。

2. 自行申报纳税

凡有下列情形之一的，纳税人必须自行向税务机关申报所得并缴纳税款：

（1）年所得12万元以上的。

（2）在两处或两处以上取得工资、薪金所得的。

（3）从中国境外取得所得的。

（4）取得应纳税所得，没有扣缴义务人的，如个体工商户从事生产、经营的所得。

（5）国务院规定的其他情况。

（二）申报纳税地点

（1）一般为收入来源地的税务机关。

（2）纳税人在两处或两处以上取得工资、薪金所得的，可选择并固定在一地税务机关申报纳税。

（3）从境外取得所得的，应向境内户籍所在地或经常居住地税务机关申报纳税。

（4）在中国境内几地工作的临时来华人员，应以税法规定的申报纳税日期为准，在某一地区达到申报纳税日期的，即在该地申报纳税。

（5）纳税人要求变更申报纳税地点的，须经原主管税务机关备案。

（三）申报纳税期限

除特殊情况外，在取得应纳税所得的次月15日内申报纳税。

(1) 对账册健全的个体工商户，其生产、经营所得应纳的税款实行按年计算、分月预缴，由纳税人在次月15日内申报预缴，年度终了后3个月汇算清缴，多退少补。账册不健全的，由税务机关按规定自行确定征收方式。

(2) 纳税人年终一次性取得承包经营、承租经营所得的，自取得收入之日起30日内申报纳税。

(3) 个人从中国境外取得所得的，其来源于境外的应纳税所得，在境外以纳税年度计算缴纳所得税的，应在所得来源国的纳税年度终了、结清税款后的30日内申报；在取得境外所得时结清税款的，或者在境外按所得来源国税法规定免予缴纳个人所得税的，应在次年1月1日起30日内申报。

【延展阐述】

据《国家税务总局关于发布〈股权转让所得个人所得税管理办法(试行)〉的公告》(国家税务总局公告2014年第67号)的规定，具有下列情形之一的，扣缴义务人、纳税人应当依法在次月15日内向主管税务机关申报纳税：

(1) 受让方已支付或部分支付股权转让价款的。

(2) 股权转让协议已签订生效的。

(3) 受让方已经实际履行股东职责或者享受股东权益的。

(4) 国家有关部门判决、登记或公告生效的。

(5) 股权被司法或行政机关强制过户、以股权对外投资或进行拟个其他非货币性交易、以股权抵偿债务和其他股权转移行为已经完成。

【温馨提示】

提高了个人缴纳增值税起征点后缴纳个人所得税的管理

(1) 未达到增值税税起征点的纳税人，除规定外一律不得免征个人所得税。

(2) 结合实际对提高起征点后采取核定征税方法的纳税人可重新核定定额。

六、个人所得税热点知识专题

(一) 创业投资合伙企业个人投资者和天使投资个人个人所得税试点政策

个人所得税政策自2017年7月1日起试点执行。执行日期前2年内发生的投资，在执行日期后投资满2年，且符合规定的其他条件的，可以适用财税〔2017〕38号规定的税收试点政策。试点地区包括京津冀、上海、广东、安徽、四川、武汉、西安、沈阳8个全面创新改革试验区域和苏州工业园区。

2018年4月25日的国务院常务会决定将目前在8个全面创新改革试验地区和苏州工业园区试点的创业投资企业和天使投资个人投向种子期、初创期科技型企业按投资额

70%抵扣应纳税所得额的优惠政策推广到全国。企业所得税、个人所得税有关优惠政策分别自1月1日和7月1日起执行。

(1) 合伙创投企业采取股权投资方式直接投资于初创科技型企业满2年的,个人合伙人可以按照对初创科技型企业投资额的70%抵扣个人合伙人从合伙创投企业分得的经营所得;当年不足抵扣的,可以在以后纳税年度结转抵扣。

① 个人合伙人可抵扣投资额的计算:

$$\frac{\text{个人合伙人可}}{\text{抵扣投资额}} = \frac{\text{合伙创投企业投资到所有符合条件}}{\text{的初创科技型企业的投资额}} \times 70\% \times \frac{\text{个人合伙人}}{\text{实缴出资比例}}$$

② 实缴出资比例的计算:

按合伙创投企业投资到符合条件的初创科技型企业满2年的年末,个人合伙人实缴出资额占合伙创投企业实际投资到所有符合条件的初创科技型企业的现金出资的比例。

③ 未抵扣完的投资额,可向后无限期结转。

④ 个人投资到多个合伙创投企业的,相互之间的投资额不能跨企业抵扣。

【案例解说】

某合伙创投企业2015年9月1日投资A初创科技型企业500万元。截至2017年9月1日,该投资符合投资抵扣税收优惠相关条件(假设无其他符合投资抵扣税收优惠的投资)。张某是该合伙创投企业的个人合伙人,2017年12月31日,张某对该合伙创投企业实缴出资300万元,占全部合伙人实缴出资比例的5%。该合伙创投企业2017年实现经营所得200万元,张某分配比例为3%。则张某2017年实际抵扣投资额是多少?

该合伙创投企业截至2017年年末,符合投资抵扣条件的投资共500万元。

因此,合伙创投企业整个可抵扣投资额=500万元×70%=350(万元)。

对张某来说,其可抵扣投资额=350万元×5%=17.5(万元)(张某对合伙创投企业的出资比例为5%)。

2017年度张某自合伙创投企业分得的经营所得=200万元×3%=6(万元)<17.5万元。

张某2017年实际抵扣投资额为6万元,还有11.5万元(17.5万-6万)结转以后年度抵扣。

(2) 天使投资个人采取股权投资方式直接投资于初创科技型企业满2年的,可以按照投资额的70%抵扣转让该初创科技型企业股权取得的应纳税所得额;当期不足抵扣的,可以在以后取得转让该初创科技型企业股权的应纳税所得额时结转抵扣。

天使投资个人在试点地区投资多个初创科技型企业的,对其中办理注销清算的初创科技型企业,天使投资个人对其投资额的70%尚未抵扣完的,可自注销清算之日起36个月内抵扣天使投资个人转让其他初创科技型企业股权取得的应纳税所得额。

【延展阐述】

天使投资人需要满足的条件：

(1) 不属于被投资初创科技型企业的发起人、雇员或其亲属(包括配偶、父母、子女、祖父母、外祖父母、孙子女、外孙子女、兄弟姐妹，下同)，且与被投资初创科技型企业不存在劳务派遣等关系。

(2) 投资后2年内，本人及其亲属持有被投资初创科技型企业股权比例合计应低于50%。

(3) 享受税收试点政策的天使投资个人投资的初创科技型企业，其注册地须位于本通知规定的试点地区。

(二) 商业健康保险个人所得税政策

2017年7月1日起，个人购买符合规定的商业健康保险产品，可以按照2 400元/年(200元/月)的标准在税前扣除。

单位统一为员工购买的，视同个人购买，按照单位为每一员工购买的保险金额分别计入其工资薪金，并在2 400元/年(200元/月)的标准内按月税前扣除。

2400元/年(200元/月)的限额扣除为个人所得税法规定减除费用标准之外的扣除。

【温馨提示】

商业健康保险个人所得税政策适用的对象：

(1) 取得工资薪金所得、连续性劳务报酬所得的个人。

(2) 取得个体工商户生产经营所得、对企事业单位的承包承租经营所得的个体工商户业主。

(3) 个人独资企业投资者、合伙企业合伙人和承包承租经营者。

【案例解说】

(1) 李某购买一款符合规定的商业健康保险，全年共计支付3 000元，那么他当年最多可在税前扣除2 400元(200元/月)。

(2) 王某同样购买一款符合规定的商业健康保险，全年共计支付2 000元，那么他只能在税前扣除2 000元(平均每月166.67元/月)。

(三) 完善股权激励和技术入股有关所得税政策

1. 对符合条件的非上市公司股票期权、股权期权、限制性股票和股权奖励实行递延纳税政策

(1) 非上市公司授予本公司员工的股票期权、股权期权、限制性股票和股权奖励，符合规定条件的，经备案可实行递延纳税政策，即员工在取得股权激励时可暂不纳税，递延

至转让该股权时纳税；股权转让时，按照股权转让收入减除股权取得成本以及合理税费后的差额，适用“财产转让所得”项目，按照20%的税率计算缴纳个人所得税。

股权转让时，股票（权）期权取得成本按行权价确定，限制性股票取得成本按实际出资额确定，股权奖励取得成本为零。

（2）享受递延纳税政策的非上市公司股权激励（包括股票期权、股权期权、限制性股票和股权奖励，下同）须同时满足以下条件：

① 属于境内居民企业的股权激励计划。

② 股权激励计划经公司董事会、股东（大）会审议通过。未设股东（大）会的国有单位，经上级主管部门审核批准。股权激励计划应列明激励目的、对象、标的等。

③ 激励标的应为境内居民企业的本公司股权。股权奖励的标的可以是技术成果投资入股到其他境内居民企业所取得的股权。激励标的股票（权）包括通过增发、大股东直接让渡以及法律法规允许的其他合理方式授予激励对象的股票（权）。

④ 激励对象应为公司董事会或股东（大）会决定的技术骨干和高级管理人员，激励对象人数累计不得超过本公司最近6个月在职职工平均人数的30%。

⑤ 股票（权）期权自授予日起应持有满3年，且自行权日起持有满1年；限制性股票自授予日起应持有满3年，且解禁后持有满1年；股权奖励自获得奖励之日起应持有满3年。

上述时间条件须在股权激励计划中列明。

⑥ 股票（权）期权自授予日至行权日时间不得超过10年。

⑦ 实施股权奖励的公司及其奖励股权标的公司所属行业均不属于政策限制性行业范围。公司所属行业按公司上一纳税年度主营业务收入占比最高的行业确定。

2. 对上市公司股票期权、限制性股票和股权奖励适当延长纳税期限

上市公司授予个人的股票期权、限制性股票和股权奖励，经向主管税务机关备案，个人可自股票期权行权、限制性股票解禁或取得股权奖励之日起，在不超过12个月的期限内缴纳个人所得税。

3. 对技术成果投资入股实施选择性税收优惠政策

（1）企业或个人以技术成果投资入股到境内居民企业，被投资企业支付的对价全部为股票（权）的，企业或个人可选择继续按现行有关政策执行，也可选择适用递延纳税优惠政策。

选择技术成果投资入股递延纳税政策的，经向主管税务机关备案，投资入股当期可暂不纳税，允许递延至转让股权时，按股权转让收入减去技术成果原值和合理税费后的差额计算缴纳所得税。

（2）企业或个人选择适用上述任一项政策，均允许被投资企业按技术成果投资入股时的评估值入账并在企业所得税前摊销扣除。

(3) 技术成果是指专利技术(含国防专利)、计算机软件著作权、集成电路布图设计专有权、植物新品种权、生物医药新品种,以及科技部、财政部、国家税务总局确定的其他技术成果。

4. 其他相关政策

(1) 个人从任职受雇企业以低于公平市场价格取得股票(权)的,凡不符合递延纳税条件,应在获得股票(权)时,对实际出资额低于公平市场价格的差额,按照"工资、薪金所得"项目缴纳个人所得税。

(2) 个人因股权激励、技术成果投资入股取得股权后,非上市公司在境内上市的,处置递延纳税的股权时,按照现行限售股有关征税规定执行。

(3) 个人转让股权时,视同享受递延纳税优惠政策的股权优先转让。递延纳税的股权成本按照加权平均法计算,不与其他方式取得的股权成本合并计算。

(4) 持有递延纳税的股权期间,因该股权产生的转增股本收入,以及以该递延纳税的股权再进行非货币性资产投资的,应在当期缴纳税款。

(5) 全国中小企业股份转让系统挂牌公司按照上述第 1 条规定执行。

(四) 个人税收递延型商业养老保险试点政策

自 2018 年 5 月 1 日起,在上海市、福建省(含厦门市)和苏州工业园区实施个人税收递延型商业养老保险试点。试点期限暂定一年。

(1) 试点政策内容。

对试点地区个人通过个人商业养老资金账户购买符合规定的商业养老保险产品的支出,允许在一定标准内税前扣除;计入个人商业养老资金账户的投资收益,暂不征收个人所得税;个人领取商业养老金时再征收个人所得税。具体规定如下:

① 个人缴费税前扣除标准。取得工资薪金、连续性劳务报酬所得的个人,其缴纳的保费准予在申报扣除当月计算应纳税所得额时予以限额据实扣除,扣除限额按照当月工资薪金、连续性劳务报酬收入的 6%和 1 000 元孰低办法确定。取得个体工商户生产经营所得、对企事业单位的承包承租经营所得的个体工商户业主、个人独资企业投资者、合伙企业自然人合伙人和承包承租经营者,其缴纳的保费准予在申报扣除当年计算应纳税所得额时予以限额据实扣除,扣除限额按照不超过当年应税收入的 6%和 12 000 元孰低办法确定。

② 账户资金收益暂不征税。计入个人商业养老资金账户的投资收益,在缴费期间暂不征收个人所得税。

③ 个人领取商业养老金征税。个人达到国家规定的退休年龄时,可按月或按年领取商业养老金,领取期限原则上为终身或不少于 15 年。个人身故、发生保险合同约定的全残或罹患重大疾病的,可以一次性领取商业养老金。

对个人达到规定条件时领取的商业养老金收入,其中 25%部分予以免税,其余 75%部分按照 10%的比例税率计算缴纳个人所得税,税款计入"其他所得"项目。

(2) 如果纳税人在试点地区范围内同时从两处及以上取得上述所得的,只能选择在其中一处享受政策,不能重复享受。

【温馨提示】

试点政策适用对象:

一类是在试点地区取得工资薪金、连续性劳务报酬的个人。其中取得连续性劳务报酬的个人是指连续 6 个月及以上为同一单位提供劳务而取得所得的纳税人。以扣缴单位是否在试点地区代扣代缴个人所得税,作为是否属于试点地区的判定标准,不受纳税人的实际工作地等因素影响。

另一类是在试点地区取得个体工商户生产经营所得及企事业单位的承包承租经营所得的个体工商户业主、个人独资企业投资者、合伙企业自然人合伙人、承包承租经营者。这种情况下,以个体工商户、个人独资企业、合伙企业的实际经营地,作为是否属于试点地区的判定标准。

取得连续性劳务报酬所得,是指纳税人连续 6 个月以上(含 6 个月)为同一单位提供劳务而取得的所得。

【案例解说 1】

张三在福州某单位工作,2018 年 6 月购买符合条件的税收递延型商业养老保险,每月缴费 800 元,7 月初取得缴纳保费的税延养老扣除凭证,并马上提供给扣缴义务人。假设张三 7 月份工薪收入共计 13 000 元,8 月份工薪收入 20 000 元,那他税前扣除金额是多少?

答案分析:张三在 7 月初取得税延养老扣除凭证并提供给扣缴义务人,那么他从 7 月份开始就可以享受试点政策,但是随着工薪收入每月可能发生变化,扣除金额也会相应不同。

以 7 月份工薪收入为基数和 1 000 元计算比较,确定税前扣除限额。13 000×6%=780(元),低于 1 000 元,所以他的税前扣除限额是 780 元。由于扣除金额是限额内据实扣除,所以还需要用 780 元的扣除限额和张三实际缴纳的月保费金额比较。800 元的月保费金额大于 780 元,最终张三 7 月份可以在税前实际扣除 780 元。

8 月份,张三工薪收入变为 20 000 元,则:20 000 元×6%=1 200(元),高于 1 000 元,所以他的税前扣除限额是 1 000 元。而他实际缴纳的保费 800 元低于 1 000 元的扣除限额,最终张三 8 月份可以在税前实际扣除 800 元。

【案例解说 2】

张三长期购买符合条件的递延型商业养老保险,假设退休后按月领取,每月领取金额为 2 000 元,则他每月应缴税款为:2 000×75%×10%=150(元),直接由保险公司代扣代缴。

第三章

财产和行为税类

第一节　房　产　税

房产税是以房屋为征税对象，按房屋的计税余值或租金收入为计税依据，向房屋产权所有人征收的一种财产税。征税范围限于城镇的经营性房屋。

一、征税范围

房产税在城市、县城、建制镇和工矿区征收。

城市是指经国务院批准设立的市。征税范围为市区、郊区和市辖县县城，不包括农村。

县城是指未设立建制镇的县人民政府所在地。

建制镇的征税范围为镇人民政府所在地，不包括所辖的行政村。

工矿区是指工商业比较发达，人口比较集中，符合国务院规定的建制镇标准，但尚未设立镇建制的大中型工矿企业所在地。开征房产税的工矿区须经省级人民政府批准。

自 2006 年 1 月 1 日起，凡在房产税征收范围内的具备房屋功能的地下建筑，包括与地上房屋相连的地下建筑以及完全建在地面以下的建筑、地下人防设施等征收房产税。

【延展阐述】

(1) 房产是以房屋形态表现的财产。房屋则是指有屋面和围护结构(有墙或两边有柱)，能够遮风避雨，可供人们在其中生产、工作、学习、娱乐、居住或储藏物资的场所。

(2) 独立于房屋之外的建筑物，如围墙、烟囱、水塔、变电塔、油池油柜、酒窖菜窖、酒精池、糖蜜池、室外游泳池、玻璃暖房、砖瓦石灰窑以及各种油气罐等，则不属于房产。

(3) 房产税以在征税范围内的房屋产权所有人为纳税人。其中：

① 产权属国家所有的，由经营管理单位纳税。

② 产权属集体和个人所有的，由集体单位和个人纳税。

③ 产权出典的，由承典人纳税。

④ 产权所有人、承典人不在房屋所在地的，由房产代管人或者使用人纳税。

⑤ 产权未确定及租典纠纷未解决的，亦由房产代管人或者使用人纳税。

⑥ 无租使用其他房产的问题。纳税单位和个人无租使用房产管理部门、免税单位及纳税单位的房产，应由使用人代为缴纳房产税。

二、税率

（1）从价计税，对经营性自用的房屋按房产原值一次减除10％～30％后的余值计征的，税率为1.2％。

（2）从租计税，按房产出租的租金收入计征的，税率为12％。

【温馨提示】

（1）个人出租住房，按4％的税率征收房产税。

（2）对企事业单位、社会团体以及其他组织按市场价格向个人出租用于居住的住房，减按4％的税率征收。

（3）外币为记账本位币的按缴款上月最后一日的人民币汇率中间价折成人民币计算缴纳。

三、应纳税额的计算

（一）从租计征

1. 计算公式

应纳税额＝租金收入（不含增值税）×适用税率12％（个人出租住房为4％）

2. 计税依据的确定

财政部、国家税务总局在《关于营改增后契税房产税土地增值税个人所得税计税依据问题的通知》（财税〔2016〕43号）中，明确规定：“房产出租的，计征房产税的租金收入不含增值税。”在计征房产税等税种时，“税务机关核定的计税价格或收入不含增值税”。同时，对于享受减征、免征增值税优惠的纳税人，还专门规定：“免征增值税的，确定计税依据时，成交价格、租金收入、转让房地产取得的收入不扣减增值税额。”因此，2016年5月1日后，纳税人从租计征房产税时，其计税依据不含增值税。

（1）一般计税方法从租计征房产税计税依据。

从租计征房产税计税依据＝全部租金收入÷（1＋11％）

（2）简易计税方法从租计征房产税计税依据。

实行简易方式计税的从租计征房产税计税依据＝全部租金收入－实缴增值税额

（二）从价计征(余值计税)

1. 计算公式

应纳税额＝应税房产原值×(1－扣除比例)×1.2%÷12×应税月份

2. 计税依据的确定

(1) 对经营自用的房屋,以房产的计税余值作为计税依据。在确定计税余值时,房产原值的具体减除比例,由省、自治区、直辖市人民政府在税法规定的减除幅度内自行确定。

(2) 房产原值指纳税人按照会计制度规定,在账簿"固定资产"科目中记载的房屋原价。没有记载房屋原价的,按照上述原则,并参照同类房屋确定房产原值,按规定计征房产税。

(3) 房产原值应包括与房屋不可分割的各种附属设备或一般不单独计算价值的配套设施。属于房屋附属设备的水管、下水道、暖气管、煤气管等应从最近的探视井或三通管起,计算原值;电灯网、照明线从进线盒联结管起,计算原值。

(4) 纳税人对原有房屋进行改建、扩建的,要相应增加房屋的原值。

(5) 更换房屋附属设施和配套设施的,在将其价值计入房产原值时,可扣减原来相应设备和设施的价值;对附属设备和配套设施中易损坏,需要经常更换的零配件,更新后不再计入房产原值,原零配件的原值也不扣除。

(6) 对出租房产,租赁双方签订的租赁合同约定有免收租金期限的,免收租金期间由产权所有人按照房产原值缴纳房产税。

【案例解说】

甲公司2016年年初房产原值为8 000万元,3月与乙公司签订租赁合同,约定自2016年4月起将原值500万元房产租赁给乙公司,租期3年,月租金2万元,2016年4～6月为免租使用期间。甲公司所在地计算房产税余值减除比例为30%,计算甲公司2016年度应缴纳的房产税。

对出租房产,租赁双方签订的租赁合同约定有免收租金期限的,免收租金期间由产权所有人按照房产原值缴纳房产税。

从价计征房产税＝8 000×(1－30%)×1.2%×1/2＋7500×(1－30%)×1.2%×1/2
＝33.6＋31.5＝65.1(万元)

从租计征房产税＝2×6×12%＝1.44(万元)

甲公司2016年度应缴纳的房产税＝65.1＋1.44＝66.54(万元)

(7) 对按照房产原值计税的房产,无论会计上如何核算,房产原值均应包含地价,包括为取得土地使用权支付的价款、开发土地发生的成本费用等。宗地容积率低于0.5的,按房产建筑面积的2倍计算土地面积并据此确定计入房产原值的地价。

（三）两种计税方法的适用范围

（1）产权出典的房产，由承典人按余值缴纳房产税。

（2）投资联营的房产的计税依据：

① 以房产投资联营，投资者参与投资利润分红，共担风险的，按房产的余值作为计税依据计征房产税。

② 以房产投资，收取固定收入，不承担联营风险的，按租金收入计算缴纳房产税。

（3）融资租赁房产的计税依据：

① 融资合同约定开始日的次月起依据房产余值计算征收。

② 未约定开始日的合同签订的次月起计算缴纳。

（4）居民住宅区内业主共有的经营性房产的计税依据：

① 由实际经营（包括自营和出租）的代管人或使用人缴纳房产税。

② 自营的依照房产余值计征，没有房产原值或不能将业主共有房产与其他房产的原值准确划分开的由房产所在地地方税务机关参照同类房产核定房产原值。

③ 出租的，依照租金收入计征。

【案例解说】

某企业有一处房产原值1 000万元，2016年7月1日用于投资联营（收取固定收入，不承担联营风险），投资期为5年。已知该企业当年取得固定收入50万元，当地政府规定的扣除比例为20%。计算该企业2016年应缴纳的房产税。

应缴纳房产税＝1 000×(1－20%)×1.2%×1/2＋50×12%＝10.8（万元）

（四）独立地下建筑物房产税的计算

独立地下建筑物房产税的计算如表3-1所示。

表3-1　独立地下建筑物房产税的计算

房产用途	应税原值	税额计算公式
1. 工业用房产	房屋原价的50%～60%作为应税房产原值	应纳房产税的税额＝应税房产原值×(1－原值减除比例)×1.2%
2. 商业和其他用房产	房屋原价的70%～80%作为应税房产原值	应纳房产税的税额＝应税房产原值×(1－原值减除比例)×1.2%
3. 出租的地下建筑，按照出租地上房屋建筑的有关规定计算征收房产税。 4. 地下建筑物的原价折算为房产原值的比例，由各省、自治区、直辖市和计划单列市财政和地方税务部门在幅度内自行确定		

【案例解说】

2015年某企业有两处独立的地下建筑物，分别为工业用途房产（原价30万元）和非工业用途房产(原价20万元)。该企业所在省规定房产税依照房产原值减除30%后的余值计算缴纳,工业用途地下建筑房产以原价的50%作为应税房产原值,其他用途地下建筑房产以原价的80%作为应税房产原值。计算2015年该企业的地下建筑物应缴纳的房产税。

应缴纳房产税=[30×50%×(1−30%)×1.2%+20×80%×(1−30%)×1.2%]×10 000
=2 604(元)

四、减免税优惠

(一) 减免税基本规定

(1) 国家机关、人民团体、军队自用的房产。

(2) 国家财政部门拨付事业经费的单位自用的房产。

(3) 宗教寺庙、公园、名胜古迹自用的房产。

(4) 个人拥有的非营业用的房产。

(二) 减免税特殊项目

(1) 企业办的各类学校、医院、托儿所、幼儿园自用的房产免税。

(2) 经有关部门鉴定,对毁损不堪居住的房屋和危险房屋,在停止使用后,可免征房产税。

(3) 自2004年8月1日起,对军队空余房产租赁收入暂免征收房产税。

(4) 凡是在基建工地为基建工地服务的各种工棚、材料棚和办公室、食堂等临时性房屋在施工期间一律免征房产税。但是如果在基建工程结束以后,施工企业将这种临时性房屋交还或者估价转让给基建单位的,应当从基建单位接收的次月起,依照规定征收房产税。

【案例解说】

某企业2016年2月委托一家施工单位新建厂房,9月对建成的厂房办理验收手续,同时接管基建工地上价值100万元的材料棚,一并转入固定资产,原值合计1 100万元。该企业所在省规定的房产余值扣除比例为30%。计算2016年企业该项固定资产应缴纳的房产税。

应缴纳房产税=1 100×(1−30%)×1.2%×3÷12=2.31(万元)

(5) 自2004年7月1日起,纳税人因房屋大修导致连续停用半年以上的,在房屋大修期间免征房产税。

(6) 纳税单位与免税单位共同使用的房屋,按各自使用的部分划分,分别征收或免征房产税。

(7) 老年服务机构自用的房产暂免征收房产税。

(8) 对按政府规定价格出租的公有住房和廉租住房,包括企业和自收自支事业单位向职工出租的单位自有住房;房管部门向居民出租的公有住房;落实私房政策中带户发还产权并以政府规定租金标准向居民出租的私有住房等,暂免征收房产税。

(9) 对于邮政部门坐落在城市、县城、建制镇、工矿区范围内的房产,应当依法征收房产税。

(10) 对房地产开发企业建造的商品房,在出售前不征收房产税。但对出售前房地产开发企业已使用或出租、出借的商品房应按规定征收房产税。

(11) 铁道部所属铁路运输企业自用的房产免征房产税(地方铁路运输企业自用房产比照铁道部所属铁路运输企业的政策执行)。

(12) 对行使国家行政管理职能的中国人民银行总行(含国家外汇管理局)所属分支机构自用的房产,免征房产税。

(13) 经营公租房所取得的租金收入免房产税。

(14) 对高校学生公寓免征房产税。

(15) 由财政部门拨付事业经费的文化单位转制为企业,自 2014 年 1 月 1 日至 2018 年 12 月 31 日止,自转制注册之日(工商登记注册之日)起对其自用房产免征房产税。

(16) 自 2016 年 1 月 1 日起至 2018 年 12 月 31 日起,对饮水工程运营管理单位自用的生产办公用房产,免征房产税和城镇土地使用税。

(17) 自 2016 年 1 月 1 日至 2018 年 12 月 31 日,对专门经营农产品的农产品批发市场、农贸市场使用的房产、土地,暂免征收房产税。对同时经营其他产品的农产品批发市场和农贸市场使用的房产、土地,按其他产品与农产品交易场地面积的比例确定征免房产税。

(18) 自 2016 年 1 月 1 日至 2018 年 12 月 31 日,对“三北”地区向居民供热而收取采暖费的供热企业,为居民供热所使用的厂房及土地免征房产税、城镇土地使用税;对供热企业其他厂房及土地,应当按规定征收房产税、城镇土地使用税。

(19) 国家机关、军队、人民团体、财政补助事业单位、居民委员会、村民委员会拥有的体育场馆,用于体育活动的房产、土地,免征房产税和城镇土地使用税。

经费自理事业单位、体育社会团体、体育基金会、体育类民办非企业单位拥有并运营管理的体育场馆,同时符合下列条件的,其用于体育活动的房产、土地,免征房产税和城镇土地使用税:

① 向社会开放,用于满足公众体育活动需要。

② 体育场馆取得的收入主要用于场馆的维护、管理和事业发展。

③ 拥有体育场馆的体育社会团体、体育基金会及体育类民办非企业单位,除当年新设立或登记的以外,前一年度登记管理机关的检查结论为“合格”。

企业拥有并运营管理的大型体育场馆,其用于体育活动的房产、土地,减半征收房产税和城镇土地使用税。

【延展阐述】

(1) 上述所称体育场馆,是指用于运动训练、运动竞赛及身体锻炼的专业性场所;所称大型体育场馆,是指由各级人民政府或社会力量投资建设、向公众开放、达到《体育建筑设计规范》(JGJ 31—2003)有关规模规定的体育场(观众座位数20 000座及以上),体育馆(观众座位数3 000座及以上),游泳馆、跳水馆(观众座位数1 500座及以上)等体育建筑;所称用于体育活动的房产、土地,是指运动场地,看台、辅助用房(包括观众用房、运动员用房、竞赛管理用房、新闻媒介用房、广播电视用房、技术设备用房和场馆运营用房等)及占地,以及场馆配套设施(包括通道、道路、广场、绿化等)。

(2) 享受上述税收优惠体育场馆的运动场地用于体育活动的天数不得低于全年自然天数的70%。

(3) 体育场馆辅助用房及配套设施用于非体育活动的部分,不得享受上述税收优惠。

(4) 高尔夫球、马术、汽车、卡丁车、摩托车的比赛场、训练场、练习场,除另有规定外,不得享受房产税、城镇土地使用税优惠政策。各省、自治区、直辖市财政、税务部门可根据本地区情况适时增加不得享受优惠体育场馆的类型。

(20) 从2015年1月1日至2018年12月31日,对在中国境内从事大型客机、大型客机发动机整机设计制造的企业及其全资子公司自用的科研、生产、办公房产及土地,免征房产税、城镇土地使用税。大型客机,是指空载重量大于45吨的民用客机;大型客机发动机,是指起飞推力大于14 000公斤的民用客机发动机。

(21) 科技园自用及提供孵化企业使用房产免征房产税。

(22) 孵化器自用及提供孵化企业使用房产免征房产税。

(23) 被撤销金融机构清算期间房地产免征房产税。

(24) 血站自用的房产免征房产税。

(25) 司法部门所属监狱等房产免征房产税。

五、申报与缴纳

(一) 纳税义务发生时间

(1) 原有房产用于生产经营的,从生产经营之月起缴纳房产税。

(2) 纳税人自建房屋用于生产经营,自建成次月起缴纳房产税。

(3) 纳税人委托施工企业建房的,从办理验收手续之日的次月起纳税;在办理验收手续前已使用或出租、出借的新建房屋,从当月起计征房产税。

(4) 纳税人购置新建商品房,自房屋交付使用次月起缴纳房产税。

(5) 纳税人购置存量房地产,自房产证签发次月起缴纳房产税。

(6) 纳税人出租、出借房产,自交付出租、出借房产之次月起缴纳房产税。

(7) 房地产开发企业自用出租、出借本企业建造的商品房,自房产使用或交付次月起缴纳房产税。

(二) 纳税期限

房产税实行按年计算、分期缴纳的征收方法,具体纳税期限由省、自治区、直辖市人民政府确定。

(三) 纳税地点

在房产所在地缴纳。房产不在同一地方的纳税人,应按房产的坐落地点分别向房产所在地的税务机关缴纳。

第二节 城镇土地使用税

城镇土地使用税是以开征范围的土地为征税对象,以实际占用的土地面积为计税依据,按规定税额对拥有土地使用权的单位和个人征收的一种税。凡在城市、县城、建制镇、工矿区范围内使用土地的单位和个人,为城镇土地使用税的纳税义务人。

一、征税范围

城市、县城、建制镇、工矿区内。

城市是指经国务院批准设立的市。城市的征税范围为市区和郊区。县城是指县人民政府所在地。

县城的征税范围为县人民政府所在的城镇。

建制镇是指经省、自治区、直辖市人民政府批准设立的建制镇。建制镇的征税范围为镇人民政府所在地。对农林牧渔业用地和农民居住用房屋及土地,不征收房产税和土地使用税。

工矿区是指工商业比较发达,人口比较集中,符合国务院规定的建制镇标准,但尚未设立镇建制的大中型工矿企业所在地。工矿区须经省、自治区、直辖市人民政府批准。

城市、县城、建制镇、工矿区的具体征税范围,由各省、自治区、直辖市人民政府划定。

【延展阐述】

城镇土地使用税的纳税义务人:

(1) 城镇土地使用税由拥有土地使用权的单位或个人缴纳。

(2) 土地使用权未确定或权属纠纷未解决的,由实际使用人纳税。

(3) 土地使用权共有的,由共有各方分别纳税。

(4) 在城镇土地使用税征税范围内实际使用应税集体所有建设用地、但未办理土地使用权流转手续的,由实际使用集体土地的单位和个人按规定缴纳城镇土地使用税。

(5) 在城镇土地使用税征税范围内,承租集体所有建设用地的,由直接从集体经济组织承租土地的单位和个人,缴纳城镇土地使用税。

二、应纳税额的计算

(一) 计税依据

城镇土地使用税以纳税人实际占用的土地面积(平方米)为计税依据。土地占用面积的组织测量工作,由省、自治区、直辖市人民政府根据实际情况确定。尚未组织测量的:

(1) 纳税人实际占用的土地面积,以房地产管理部门核发的土地使用证书与确认的土地面积为准。

(2) 尚未核发土地使用证书的,应由纳税人据实申报土地面积,据以纳税,待核发土地使用证后再作调整。

(二) 税率

土地使用税每平方米年税额如下:

(1) 大城市 1.5 元至 30 元。

(2) 中等城市 1.2 元至 24 元。

(3) 小城市 0.9 元至 18 元。

(4) 县城、建制镇、工矿区 0.6 元至 12 元。

省、自治区、直辖市人民政府,应当在本条例第四条规定的税额幅度内,根据市政建设状况、经济繁荣程度等条件,确定所辖地区的适用税额幅度。

市、县人民政府应当根据实际情况,将本地区土地划分为若干等级,在省、自治区、直辖市人民政府确定的税额幅度内,制定相应适用税额标准,报省、自治区、直辖市人民政府批准执行。

经省、自治区、直辖市人民政府批准,经济落后地区土地使用税的适用税额标准可以适当降低,但降低额不得超过本条例第四条规定最低税额的 30%。经济发达地区土地使用税的适用税额标准可以适当提高,但须报经财政部批准。

(三) 应纳税额的计算

应纳税额=计税土地面积(平方米)×适用税额

土地使用权由几方共有的,由共有各方按照各自实际使用的土地面积占总面积的比例，分别计算缴纳土地使用税。

【案例解说】

某市一商场坐落在该市繁华地段，企业土地使用证书记载占用土地的面积为6 000平方米，经确定属一等地段；该商场另设两个统一核算的分店均坐落在市区三等地段，共占地4 000平方米；一座仓库位于市郊，属五等地段，占地面积为1 000平方米；另外，该商场自办托儿所占地面积2 500平方米，属三等地段。计算该商场全年纳城填土地使用税税额。（一等地段年税额4元/平方米；三等地段年税额2元/平方米；五等地段年税额1元/平方米。当地规定托儿所占地面积免税）

（1）商场占地应纳税额＝6 000×4＝24 000（元）。

（2）分店占地应纳税额＝4 000×2＝8 000（元）。

（3）仓库占地应纳税额＝1 000×1＝1 000（元）。

（4）商场自办托儿所按税法规定免税。

（5）全年应纳土地使用税额＝24 000＋8 000＋1 000＝33 000（元）。

三、减免税优惠

（一）基本规定

（1）国家机关、人民团体、军队自用的土地。

（2）由国家财政部门拨付事业经费的单位自用的土地。

① 包括实行全额预算和差额预算管理的事业单位，不包括实行自收自支、自负盈亏的事业单位。

② 企业办的学校、医院、托儿所、幼儿园，其自用的土地免征土地使用税。

（3）宗教寺庙、公园、名胜古迹自用的土地。

① 宗教寺庙自用的土地，是指举行宗教仪式等的用地和寺庙内的宗教人员生活用地。

② 公园、名胜古迹自用的土地，是指供公共参观游览的用地及其管理单位的办公用地。

（4）市政街道、广场、绿化地带等公共用地。非社会性的公共用地不能免税，如企业内部绿化、广场、道路用地不免。

（5）直接用于农、林、牧、渔业的生产用地。

指直接从事种植、养殖、饲养的专业用地。农副产品加工厂占地和从事农、林、牧、渔业生产单位的生活、办公用地不包括在内。

（6）开山填海整治的土地。

① 自行开山填海整治的土地和改造的废弃土地，从使用的月份起免缴土使用税5

年至10年。

② 开山填海整治的土地是指纳税人经有关部门批准后自行填海整治的土地，不包括纳税人通过出让、转让、划拨等方式取得的已填海整治的土地。

(7) 由财政部另行规定免税的能源、交通、水利用地和其他用地。

(8) 省、自治区、直辖市税务局确定减免土地使用税的优惠：

① 个人所有的居住房屋及院落用地。

② 免税单位职工家属宿舍用地。

③ 集体和个人举办的各类学校、医院、托儿所、幼儿园用地。

【案例解说】

某市肉制品加工企业2016年占地60 000平方米，其中办公占地5 000平方米，生猪养殖基地占地28 000平方米，肉制品加工车间占地16 000平方米，企业内部道路及绿化占地11 000平方米。企业的在地城镇使用税单位税额每平方米0.8元。计算该企业全年应缴纳城镇土地使用税。

应纳土地使用税＝(60 000－28 000)×0.8＝25 600(元)

(二) 特殊规定

(1) 城镇土地使用税与耕地占用税的征税范围衔接。

为避免对一块土地同时征收耕地占用税和城镇土地使用税，税法规定，凡是缴纳了耕地占用税的，从批准征用之日起满1年后征收城镇土地使用税；征用非耕地因不需要缴纳耕地占用税，应从批准征用之次月起征收城镇土地使用税。

(2) 免税单位与纳税单位之间无偿使用的土地。

对免税单位无偿使用纳税单位的土地，免征城镇土地使用税；对纳税单位无偿使用免税单位的土地，纳税单位应照章缴纳土地使用税。

(3) 房地产开发公司开发建造商品房的用地。

房地产开发公司开发建造商品房的用地，除经批准开发建设经济适用房的用地外，对各类房地产开发用地一律不得减免城镇土地使用税。

(4) 防火、防爆、防毒等安全防范用地，由省、自治区、直辖市税务局确定，可以暂免征收城镇土地使用税；对仓库库区、厂房本身用地，应依法征收城镇土地使用税。

(5) 企业搬迁后，其原有场地和新场地都使用的，均应照章征收土地使用税；原有场地不使用的，经各省、自治区、直辖市税务局审批，可暂免征收土地使用税。

(6) 企业的铁路专用线、公路等用地。

对企业的铁路专用线、公路等用地，除另有规定者外，在企业厂区(包括生产、办公及生活区)以内的，应照章征收城镇土地使用税；在厂区以外、与社会公用地段未加隔离的，暂免征收城镇土地使用税。

(7) 企业的绿化用地。

对企业厂区(包括生产、办公及生活区)以内的绿化用地,应照章征收土地使用税,厂区以外公共绿化用地和向社会开放的公园用地,暂免征收土地使用税。

(8) 水利设施用地。

水利设施及其管护用地(如水库库区、大坝、堤防、灌渠、泵站等用地),免征城镇土地使用税;其他用地,如生产、办公、生活用地、应照章征税。

(9) 依据《国家税务总局关于下放城镇土地使用税困难减免税审批权限有关事项的公告》(国家税务总局公告 2014 年第 1 号)文件,城镇土地使用税困难减免税审批权限下放至县以上地方税务机关。

(10) 民航机场用地。

① 机场飞行区用地、场内外通信导航设施用地和飞行区四周排水防洪设施用地,免征城镇土地使用税。

② 在机场道路中,场外道路用地免征城镇土地使用税;场内道路用地依照规定征收城镇土地使用税。

③ 机场工作区(包括办公、生产和维修用地及候机楼、停车场)用地、生活区用地、绿化用地,均须依照规定征收城镇土地使用税。

(11) 对核电站的核岛、常规岛、辅助厂房和通信设施用地,生活、办公用地按规定征收城镇土地使用税,其他用地免征城镇土地使用税。对核电站应税土地在基建期内减半征收城镇土地使用税。

(12) 对公共租赁住房建设期间用地及公共租赁住房建成后占地免征城镇土地使用税。在其他住房项目中配套建设公共租赁住房,依据政府部门出具的相关材料,按公共租赁住房建筑面积占总建筑面积的比例免征建设、管理公共租赁住房涉及的城镇土地使用税。

(13) 盐场、盐矿用地。

① 对盐场、盐矿的生产厂房、办公、生活区用地,应照章征收城镇土地使用税。

② 盐场的盐滩、盐矿的矿井用地,暂免征收城镇土地使用税。

③ 对盐场、盐矿的其他用地,由各省、自治区、直辖市税务局根据实际情况,确定征收城镇土地使用税或给予定期减征、免征的照顾。

(14) 电力行业用地。

① 火电厂厂区围墙内的用地,均应征收城镇土地使用税。对厂区围墙外的灰场、输灰管、输油管道、铁路专用线用地,免征城镇土地使用税;厂区围墙外的其他用地,应照章征税。

② 水电站的发电厂房用地(包括坝内、坝外式厂房),生产、办公、生活用地,应征收城镇土地使用税;对其他用地给予免税照顾。

③ 对供电部门的输电线路用地、变电站用地，免征城镇土地使用税。

(15) 邮政部门的土地。

对邮政部门坐落在城市、县城、建制镇、工矿区范围内的房产、土地，应当依法征收房产税和城镇土地使用税；对坐落在上述范围以外尚在县邮政局内核算的房产、土地，在单位财务账中划分清楚的，从 2001 年 1 月 1 日起不再征收房产税和城镇土地使用税。

(16) 企业范围内荒山、林地、湖泊等占地。

对已按规定免征城镇土地使用税的企业范围内荒山、林地、湖泊等占地，自 2014 年 1 月 1 日至 2015 年 12 月 31 日，按应纳税额减半征收城镇土地使用税；自 2016 年 1 月 1 日起，全额征收城镇土地使用税。

(17) 棚户区改造相关税收政策。

对改造安置住房建设用地免征城镇土地使用税。在商品住房等开发项目中配套建造安置住房的，依据政府部门出具的相关材料、房屋征收(拆迁)补偿协议或棚户区改造合同(协议)，按改造安置住房建筑面积占总建筑面积的比例免征城镇土地使用税。

(18) 对饮水工程运营管理单位自用的生产、办公用土地，免征城镇土地使用税。

(19) 对政府部门和企事业单位、社会团体以及个人等社会力量投资兴办的福利性、非营利性的老年服务机构，暂免征收企业所得税，以及老年服务机构自用房产、土地、车船的房产税、城镇土地使用税、车船使用税。

(20) 人民银行自用的土地，免征城镇土地使用税。

(21) 铁路行业自用的土地，免征城镇土地使用税。

(22) 天然林保护工程自用的土地，免征城镇土地使用税。

(23) 交通部门的港口码头自用的土地，免征城镇土地使用税。

(24) 自 2016 年 1 月 1 日至 2018 年 12 月 31 日，对专门经营农产品的农产品批发市场、农贸市场使用(包括自有和承租，下同)的房产、土地，暂免征收城镇土地使用税。对同时经营其他产品的农产品批发市场和农贸市场使用的房产、土地，按其他产品与农产品交易场地面积的比例确定征免城镇土地使用税。

(25) 对在一个纳税年度内月平均实际安置残疾人就业人数占单位在职职工总数的比例高于 25%(含 25%)且实际安置残疾人人数高于 10 人(含 10 人)的单位，可减征或免征该年度城镇土地使用税。具体减免税比例及管理办法由省、自治区、直辖市财税主管部门确定。

(26) 原房管部门代管的私房，落实政策后，有些私房产权已归还给房主，但由于各种原因，房屋仍由原住户居住，并且住户仍是按照房管部门在房租调整改革之前确定的租金标准向房主交纳租金。对这类房屋用地，房主缴纳土地使用税确有困难的，可由各省、自治区、直辖市税务局根据实际情况，给予定期减征或免征土地使用税的照顾。

(27) 自 2017 年 1 月 1 日起至 2019 年 12 月 31 日止，对物流企业自有的(包括自用和出租)大宗商品仓储设施用地,减按所属土地等级适用税额标准的50%计征城镇土地使用税。物流企业的办公、生活区用地及其他非直接从事大宗商品仓储的用地,不属于本通知规定的优惠范围,应按规定征收城镇土地使用税。

(28) 非营利性科研机构自用的房产、土地,免征房产税、城镇土地使用税。

(29) 科技园、孵化器自用及提供孵化企业使用土地免城镇土地使用税。

(30) 从2015年1月1日至2018年12月31日,对在中国境内从事大型客机、大型客机发动机整机设计制造的企业及其全资子公司自用的科研、生产、办公房产及土地,免征房产税、城镇土地使用税。大型客机,是指空载重量大于45吨的民用客机;大型客机发动机,是指起飞推力大于14 000公斤的民用客机发动机。

(31) 自2016年1月1日至2018年12月31日,对"三北"地区向居民供热而收取采暖费的供热企业,为居民供热所使用的厂房及土地免征房产税、城镇土地使用税;对供热企业其他厂房及土地,应当按规定征收房产税、城镇土地使用税。

(32) 对核电站的核岛、常规岛、辅助厂房和通讯设施用地(不包括地下线路用地),生活、办公用地按规定征收城镇土地使用税,其他用地免征城镇土地使用税。对核电站应税土地在基建期内减半征收城镇土地使用税。

(33) 对被撤销金融机构清算期间自有的或从债务方接收的房地产、车辆,免征房产税、城镇土地使用税和车船使用税。

(34) 2016年1月1日至2018年12月31日,对城市公交站场、道路客运站场、城市轨道交通系统运营用地,免征城镇土地使用税。

(35) 国家石油储备基地第一期项目用地免城镇土地使用税。

(36) 2016年1月1日至2018年12月31日,对商品储备管理公司及其直属库承担商品储备业务自用的房产、土地,免征房产税、城镇土地使用税。

(37) 血站自用的土地免城镇土地使用税。

(38) 非营利性医疗,疾病控制,妇幼保健机构自用的土地免土地税。

(39) 劳改单位相关用地免城镇土地使用税。

(40) 地下建筑用地暂按50%征收免城镇土地使用税。

(41) 采摘观光的种植养殖土地免城镇土地使用税。

(42) 对矿山的采矿场、排土场、尾矿库、炸药库的安全区、采区运矿及运岩公路、尾矿输送管道及回水系统用地,免征土地使用税。对矿山企业采掘地下矿造成的塌陷地以及荒山占地,在未利用之前,暂免征收土地使用税。除上述规定外,对矿山企业的其他生产用地及办公、生活区用地,应照章征收土地使用税。

(43) 煤炭企业的矸石山、排土场用地,防排水沟用地,矿区办公、生活区以外的公路、铁路专用线及轻便道和输变电线路用地,火炸药库库房外安全区用地,向社会开放的公园及公共绿化带用地,暂免征收土地使用税。

(44) 对盐场的盐滩、盐矿的矿井用地，暂免征收土地使用税。

(45) 石油天然气(含页岩气、煤层气)生产企业下列石油天然气生产建设用地暂免征收城镇土地使用税：

① 地质勘探、钻井、井下作业、油气田地面工程等施工临时用地。

② 企业厂区以外的铁路专用线、公路及输油(气、水)管道用地。

③ 油气长输管线用地。

④ 在城市、县城、建制镇以外工矿区内的消防、防洪排涝、防风、防沙设施用地，暂免征收城镇土地使用税。

【案例解说】

2011 年某民用机场占地 100 万平方米，其中飞行区用地 90 万平方米，场外道路用地 7 万平方米，场内道路用地 0.5 万平方米，工作区用地 2.5 万平方米，城镇土地使用税税率为 5 元/平方米。计算 2011 年该机场应缴纳的城镇土地使用税。

机场飞行区用地、场外道路用地，免征城镇土地使用税。应缴纳城镇土地使用税=(0.5+2.5)×5×10 000=150 000(元)。

四、申报和缴纳

(一) 纳税义务发生的时间

(1) 新征用的土地，依照下列规定缴纳土地使用税：

① 征用的耕地，自批准征用之日起满 1 年时开始缴纳土地使用税。

② 征用的非耕地，自批准征用次月起缴纳土地使用税。

征用的耕地与非耕地，以土地管理机关批准征地的文件为依据确定。

(2) 购置新建商品房，自房屋交付使用之次月起计征房产税和城镇土地使用税。

(3) 购置存量房，自办理房屋权权属转移、变更登记手续，房地产权属登记机关签发房屋权属证书之次月起计征房产税和城镇土地使用税。

(4) 出租、出借房产，自交付出租、出借房产之次月起计征房产税和城镇土地使用税。

(5) 房地产开发企业自用、出租、出借本企业建造的商品房，自房屋使用或交付之次月起计征房产税和城镇土地使用税。

(6) 以出让或转让方式有偿取得土地使用权的，应由受让方从合同约定交付土地时间的次月起缴纳城镇土地使用税；合同未约定交付土地时间的，由受让方从合同签订的次月起缴纳城镇土地使用税。

(7) 通过招标、拍卖、挂牌方式取得的建设用地，不属于新征用的耕地，纳税人应按照《财政部　国家税务总局关于房产税、城镇土地使用税有关政策的通知》(财税〔2006〕

186号)第二条规定,从合同约定交付土地时间的次月起缴纳城镇土地使用税;合同未约定交付土地时间的,从合同签订的次月起缴纳城镇土地使用税。

【案例解说】

位于某县城的一化工厂,2012年1月企业土地使用证书记载占用土地的面积为80 000平方米,8月新征用耕地10 000平方米,已缴纳耕地占用税,适用城镇土地使用税税率为10元/平方米。计算该化工厂2012年应缴纳的城镇土地使用税

纳税人新征用的耕地,自批准征用之日起满一年时开始缴纳城镇土地使用税。应缴纳城镇土地使用税=80 000×10=800 000(元)。

(二) 纳税期限

按年计算、分期缴纳,缴纳期限由省、自治区、直辖市人民政府确定。

纳税人因房产、土地的实物或权利状态发生变化而依法终止房产税、城镇土地使用税纳税义务的,其应纳税款的计算应截止到房产、土地的实物或权利状态发生变化的当月末。

(三) 纳税申报

纳税人新征用的土地,必须于批准新征用之日起30日内申报登记。

(四) 纳税地点

土地所在地,由土地所在地的税务机关负责征收。土地不属于同一市(县)管辖范围内的,由纳税人分别向土地所在地的税务机关申报缴纳。在同一省(自治区、直辖市)管辖范围内,纳税人跨地区使用的土地,由各省、自治区、直辖市税务局确定纳税地点。

第三节　土地增值税

土地增值税是对有偿转让国有土地使用权及地上建筑物和其他附着物产权并取得增值性收入的单位和个人所征收的一种税。

一、征税范围

土地增值税的课税对象是有偿转让国有土地使用权及地上建筑物和其他附着物产权所取得的增值额。附着物,是指附着于土地上的不能移动,一经移动即遭损坏的物品。

(一)一般规定

土地增值税征税范围一般规定如表3-2所示。

表3-2 土地增值税征税范围一般规定

判定标准	征税	不征税
1. 是否国有土地使用权转让	只对转让国有土地使用权的行为课税	转让非国有土地、出让国有土地的行为
2. 是否转让行为	国有土地使用权及其地上的建筑物和附着物的转让	房地产出租
3. 是否取得收入	只对有偿转让的房地产征税	继承、赠与(直系个人、福利、公益)等方式无偿转让的房地产

【延展阐述】

"赠与"是指如下情况:

(1) 房产所有人、土地使用权所有人将房屋产权、土地使用权赠与直系亲属或承担直接赡养义务人的。

(2) 房产所有人、土地使用权所有人通过中国境内非营利的社会团体、国家机关将房屋产权、土地使用权赠与教育、民政和其他社会福利、公益事业的。

上述社会团体是指中国青少年发展基金会、希望工程基金会、宋庆龄基金会、减灾委员会、中国红十字会、中国残疾人联合会、全国老年基金会、老区促进会以及经民政部门批准成立的其他非营利的公益性组织。

(二)具体规定

土地增值税征税范围具体规定如表3-3所示。

表3-3 土地增值税征税范围具体规定

具体事项	是否征收土地增值税的规定
合作建房	1. 建成后自用,暂免 2. 建成后转让,征税
房地产交换	征收(个人之间互换自有居住用房免征)
房地产抵押	1. 抵押期:不征; 2. 期满房地产抵债:征税
房地产出租	不征
房地产评估增值	不征
国家收回国有土地使用权、征用地上建筑物及附着物	免征
代建房行为	不征
土地使用者转让、抵押、置换土地,并取得相应收益	征税

二、计税依据

土地增值税的计税依据是转让房地产所取得增值额。

纳税人转让房地产所取得的收入减除《中华人民共和国土地增值税暂行条例》第六条规定扣除项目金额后的余额，为增值额。

(一) 房地产开发

1. 收入额的确定

营改增后，纳税人转让房地产的土地增值税应税收入不含增值税。纳税人转让房地产所取得的收入，包括货币收入、实物收入和其他收入等全部价款及有关的经济收益。适用增值税一般计税方法的纳税人，其转让房地产的土地增值税应税收入不含增值税销项税额；适用简易计税方法的纳税人，其转让房地产的土地增值税应税收入不含增值税应纳税额。

【延展阐述】

(1) 实物收入按市场价格折算。

(2) 无形资产收入按评估价值折算。

(3) 外币按取得当天或当月 1 日国家公布的市场汇率折算。

2. 扣除项目及其金额

计算土地增值额时准予从转让收入中扣除的项目，根据转让项目的性质不同，可进行以下划分：

(1) 取得土地使用权所支付的金额。

① 取得土地使用权所支付的地价款，包括：

出让方式取得的土地使用权为支付的土地出让金；以行政划拨方式取得的土地使用权为按规定补缴的土地出让金；以转让方式取得的土地使用权为支付的地价款。

② 纳税人在取得土地使用权时按国家统一规定缴纳的有关费用，比如登记、过户手续费和契税。

(2) 房地产开发成本。

是指纳税人房地产开发项目实际发生的成本，允许按实际发生数扣除。包括以下 6 项：

① 土地征用及拆迁补偿费，包括土地征用费、耕地占用税、劳动力安置费及有关地上、地下附着物拆迁补偿的净支出、安置动迁用房支出等。

② 前期工程费，包括规划、设计、项目可行性研究和水文、地质、勘察、测绘、“三通一平”等支出。

③ 建筑安装工程费，是指以出包方式支付给承包单位的建筑安装工程费，以自营方式发生的建筑安装工程费。

④ 基础设施费，包括开发小区内道路、供水、供电、供气、排污、排洪、通讯、照明、环卫、绿化等工程发生的支出。

⑤ 公共配套设施费，包括不能有偿转让的开发小区内公共配套设施发生的支出。

⑥ 开发间接费用，是指直接组织、管理开发项目发生的费用，包括工资、职工福利费、折旧费、修理费、办公费、水电费、劳动保护费、周转房摊销等。

【温馨提示】

全面营改增后，土地增值税纳税人接受建筑安装服务取得的增值税发票，在发票的备注栏注明建筑服务发生地县（市、区）名称及项目名称及项目名称，否则不得计入土地增值税扣除项目金额。

（3）房地产开发费用。

开发土地和新建房及配套设施的费用（以下简称房地产开发费用），是指与房地产开发项目有关的销售费用、管理费用、财务费用。

扣除方法取决于财务费用中的利息处理：

① 纳税人能够按转让房地产项目计算分摊利息支出，并能提供金融机构的贷款证明的：

房地产开发费用＝利息＋（取得土地使用权所支付的金额＋房地产开发成本）×5％以内

② 纳税人不能按转让房地产项目计算分摊利息支出，或不能提供金融机构贷款证明的：

房地产开发费用＝（取得土地使用权所支付的金额＋房地产开发成本）×10％以内

【延展阐述】

（1）财务费用中的利息支出，凡能够按转让房地产项目计算分摊并提供金融机构证明的，允许据实扣除，但最高不能超过按商业银行同类同期贷款利率计算的金额。其他房地产开发费用，在按照“取得土地使用权所支付的金额”与“房地产开发成本”金额之和的5％以内计算扣除。

（2）凡不能按转让房地产项目计算分摊利息支出或不能提供金融机构证明的，房地产开发费用在按“取得土地使用权所支付的金额”与“房地产开发成本”金额之和的10％以内计算扣除。

全部使用自有资金，没有利息支出的，按照以上方法扣除。

上述具体适用的比例按省级人民政府此前规定的比例执行。

（3）房地产开发企业既向金融机构借款，又有其他借款的，其房地产开发费用计算扣除时不能同时适用上述两种办法。

(4) 土地增值税清算时，已经计入房地产开发成本的利息支出，应调整至财务费用中计算扣除。

(4) 与转让房地产有关的税金。

房地产开发企业扣除的税金是城建税、教育费附加。营改增后，房地产开发企业实际缴纳的城市维护建设税、教育费附加，凡能够按清算项目准确计算的，允许据实扣除。凡不能按清算项目准确计算的，则按该清算项目预缴增值税时实际缴纳的城市维护建设税、教育费附加扣除。

全面"营改增"后，增值税为价外税，税金不在计税收入中，不得扣除。

房地产开发企业印花税在房地产开发费用中扣除。

【温馨提示】

《财政部关于印发〈增值税会计处理规定〉的通知》(财会〔2016〕22号)规定，全面试行营业税改征增值税后，"营业税金及附加"科目名称调整为"税金及附加"科目，该科目核算企业经营活动发生的消费税、城市维护建设税、资源税、教育费附加及房产税、土地使用税、车船使用税、印花税等相关税费。

(5) 财政部规定的其他扣除项目。

从事房地产开发的纳税人可加计20%的扣除：

加计扣除费用=(取得土地使用权支付的金额+房地产开发成本)×20%

【延展阐述】

(1) 对取得土地使用权后，未开发即转让的，不得加计扣除。

(2) 县级及以上人民政府要求房地产开发企业在售房时代收的各项费用：①作为计税收入的，可从扣除项目扣除，但不得作为加计20%扣除的基数；②房价之外单独收取，不作为计税收入征税。相应地代收费用不得在收入中扣除。

(二) 存量房地产转让

1. 收入额的确认

营改增后，纳税人转让房地产的土地增值税应税收入不含增值税。纳税人转让房地产所取得的收入，包括货币收入、实物收入和其他收入等全部价款及有关的经济收益。适用增值税一般计税方法的纳税人，其转让房地产的土地增值税应税收入不含增值税销项税额；适用简易计税方法的纳税人，其转让房地产的土地增值税应税收入不含增值税应纳税额。

纳税人有下列情况之一的，需要对房地产进行评估，并以评估价格确定转让房地产收入：

（1）隐瞒、虚报房地产成交价格的。

（2）转让房地产的成交价格低于房地产评估价格，又无正当理由的。

房地产评估价格，是指由政府批准设立的房地产评估机构根据相同地段、同类房地产进行综合评定的价格。评估价格须经当地税务机关确认。

2. 扣除项目的金额的确认

（1）房屋及建筑物的评估价格。

评估价格＝重置成本价×成新度折扣率

（2）取得土地使用权所支付的地价款和按国家统一规定交纳的有关费用。

【温馨提示】

（1）支付的评估费用允许扣除。但纳税人因隐瞒、虚报房地产成交价格所发生的评估费用，不允许扣除。

（2）对取得土地使用权时未支付地价款或不能提供已支付的地价款凭据的，不允许扣除。

【延展阐述】

（1）凡不能取得评估价格、但能提供购房发票：旧房及建筑物的评估价格，可按发票所载金额并从购买年度起至转让年度止每年加计5%计算扣除。

（2）计算扣除项目时“每年”按购房发票所载日期起至售房发票开具之日止，每满12个月计一年；超过一年，未满12个月但超过6个月的，可以视同为一年。营改增后计算基数规定如表3-4所示：

表3-4　营改增后计算基数规定

发票来源		基数确定
营改增前取得的营业税发票		发票所载金额（不扣减营业税）
营改增后取得	增值税普通发票	发票所载价税合计金额
	增值税专用发票	发票所载不含增值税金额加上不允许抵扣的增值税进项税额之和

（3）转让环节缴纳的税金。

转让环节缴纳的税有城建税和教育费附加、印花税。

对纳税人购房时缴纳的契税，凡能提供契税完税凭证的，准予作为“与转让房地产有关的税金”予以扣除，但不作为加计5%的基数。

【案例解说】

位于市区的某商贸公司2016年12月销售一栋旧办公楼，取得含增值税收入1 020

万元，缴纳印花税0.5万元，因无法取得评估价格，公司提供了购房发票，该办公楼购于2012年8月，购价为600万元，缴纳契税18万元。增值税采用简易计税方法，该公司销售办公楼计算土地增值税时，计算可扣除项目金额。

销售旧的办公楼需要交增值税＝(1 020－600)÷(1＋5%)×5%＝20(万元)，附加税费＝20×(7%＋3%)＝2(万元)；因为无法取得评估价格，按照购房发票所载金额从购买年度起至转让年度止每年加计5%扣除，600×(1＋4×5%)＝720(万元)；对纳税人购房时缴纳的契税，凡能提供契税完税凭证的，准予作为“与转让房地产有关的税金”予以扣除，但不作为加计5%的基数，所以可以扣除的金额合计数为：720＋2＋18＋0.5＝740.5(万元)。

三、税率——四级超率累进税率

土地增值税实行四级超率累进税率：

(1) 增值额未超过扣除项目金额50%的部分，税率为30%。

(2) 增值额超过扣除项目金额50%、未超过扣除项目金额100%的部分，税率为40%。

(3) 增值额超过扣除项目金额100%、未超过扣除项目金额200%的部分，税率为50%。

(4) 增值额超过扣除项目金额200%的部分，税率为60%。

四、应纳税额的计算

(一) 一般计算公式

应纳税额＝增值额×适用税率－扣除项目金额×速算扣除系数

四级超率累进税率，每级“增值额未超过扣除项目金额”的比例，均包括本比例数。计算土地增值税税额，可按增值额乘以适用的税率减去扣除项目金额乘以速算扣除系数的简便方法计算，具体公式如下：

(1) 增值额未超过扣除项目金额50%：

土地增值税税额＝增值额×30%

(2) 增值额超过扣除项目金额50%，未超过100%的：

土地增值税税额＝增值额×40%－扣除项目金额×5%

(3) 增值额超过扣除项目金额100%，未超过200%的：

土地增值税税额＝增值额×50%－扣除项目金额×15%

(4) 增值额超过扣除项目金额200%的：

土地增值税税额＝增值额×60%－扣除项目金额×35%

公式中的5%、15%、35%为速算扣除系数。

【案例解说】

位于某市区的甲房地产开发公司，2016年年初开发建设办公楼一栋，当年12月20日与本市乙企业签订了一份房屋销售合同，将办公楼销售给乙企业，销售金额共计3 000万元。合同载明，乙企业向甲房地产开发公司支付货币资金2 500万元，另将一块未作任何开发的土地的使用权作价500万元转让给甲房地产开发公司，并签署产权转移书据(印花税2.5万元)。

甲房地产开发公司开发该办公楼支付土地价款800万元、契税40万元、房地产开发成本360万元，开发过程中发生管理费用120万元(未包括印花税)、销售费用200万元、财务费用150万元(向其他企业借款)。乙企业转让给甲房地产开发公司的土地使用权为2年前抵债取得，抵债时作价300万元并发生相关税费10万元。

(注：当地政府确定房地产开发费用扣除比例为8%，增值税采用简易计税方法，不考虑地方教育费附加)

(1) 计算2016年12月甲公司应缴纳增值税、城建税和教育费附加合计金额。

应缴纳增值税＝3 000÷(1＋5%)×5%＝142.86(万元)

城建税和教育费附加＝142.86×(7%＋3%)＝14.29(万元)

合计为157.15万元。

(2) 计算2016年甲公司计算土地增值税时的“准予扣除项目”合计金额。

取得土地使用权所支付的金额＝800＋40＝840(万元)，开发成本为360万元

开发费用＝(840＋360)×8%＝96(万元)

税金＝14.29(万元)

加计扣除＝(840＋360)×20%＝240(万元)

扣除项目合计＝840＋360＋96＋14.29＋240＝1 550.29(万元)

(3) 计算2016年甲公司应缴纳土地增值税。

增值额＝3 000÷(1＋5%)－1 550.29＝1 306.85(万元)

增值率＝1 306.85÷1 550.29×100%＝84%

应缴纳土地增值税＝1 306.85×40%－1 550.29×5%＝522.74－77.51＝445.23(万元)

(4) 计算2016年乙企业应缴纳土地增值税。

扣除项目合计＝(300＋10)＋(500－300)÷(1＋5%)×5%×(7%＋3%)＋2.5(印花税)

＝313.45(万元)

增值额＝500÷(1＋5%)－313.45＝162.74(万元)

增值率＝162.74÷313.45×100%＝52%

应缴纳土地增值税＝162.74×40%－313.45×5%＝49.42(万元)

（二）特殊售房方式应纳税额的计算

（1）纳税人在项目全部竣工结算前转让房地产取得的收入，由于涉及成本确定或其他原因，而无法据以计算土地增值税的，可以预征土地增值税，待该项目全部竣工、办理结算后再进行清算，多退少补。具体办法由各省、自治区、直辖市税务局根据当地情况制定。

预征率为：东部地区省份不得低于2%，中部和东北地区省份不得低于1.5%，西部地区省份不得低于1%。

（2）纳税人成片受让土地使用权后，分期分批开发、转让房地产的，对允许扣除项目的金额可按转让土地使用权的面积占总面积的比例计算分摊。若按此办法难以计算或明显不合理，也可按建筑面积或税务机关确认的其他方式计算分摊。

$$\text{扣除项目金额}=\text{扣除项目的总金额}\times\left(\text{转让土地使用权的面积或建筑面积}\div\text{受让土地使用权的总面积}\right)$$

（3）为方便纳税人，简化土地增值税预征税款计算，房地产开发企业采取预收款方式销售自行开发的房地产项目的，可按照以下方法计算土地增值税预征计征依据：

土地增值税预征的计征依据＝预收款－应预缴增值税税款

五、减免税优惠

（一）一般减免税规定

（1）建造普通标准住宅出售，其增值率未超过20%的，予以免税；增值率超过20%的，应就其全部增值额按规定计税。

【温馨提示】

普通标准住宅标准必须同时满足：

（1）住宅小区建筑容积率在1.0以上。

（2）单套建筑面积在120平方米以下。

（3）实际成交价格低于同级别土地上住房平均交易价格1.2倍以下。

（4）允许单套建筑面积和价格标准适当浮动，但向上浮动的比例不得超过上述标准的20%。

（2）因国家建设需要而被政府征用、收回的房地产，免税。

（3）自1999年8月1日起，对居民个人拥有的普通住宅，在其转让时暂免征收土地增值税。

（4）对企事业单位、社会团体以及其他组织转让旧房作为公共租赁住房房源，且增值额未超过扣除项目金额20%的，免征土地增值税。

(5) 对个人之间互换自有居住用房地产的,经核实可以免征土地增值税。

(6) 2010 年广州第 16 届亚洲运动会(以下简称亚运会)、2011 年深圳第 26 届世界大学生夏季运动会(以下简称大运会)和 2009 年哈尔滨第 24 届世界大学生冬季运动会(以下简称大冬会)组委会赛后出让资产取得的收入,免征应缴纳的营业税和土地增值税。

(7) 对北京 2022 年冬奥会和冬残奥会组织委员会再销售所获捐赠物品和赛后出让资产取得收入,免征应缴纳的增值税、消费税和土地增值税。

(8) 对被撤销金融机构财产用来清偿债务时,免征被撤销金融机构转让货物、不动产、无形资产、有价证券、票据等应缴纳的增值税、营业税、城市维护建设税、教育费附加和土地增值税。

(二) 特殊减免税规定

(1) 按照《中华人民共和国公司法》的规定,非公司制企业整体改建为有限责任公司或者股份有限公司,有限责任公司(股份有限公司)整体改建为股份有限公司(有限责任公司)。对改建前的企业将国有土地、房屋权属转移、变更到改建后的企业,暂不征土地增值税。

整体改建是指不改变原企业的投资主体,并承继原企业权利、义务的行为。

(2) 按照法律规定或者合同约定,两个或两个以上企业合并为一个企业,且原企业投资主体存续的,对原企业将国有土地、房屋权属转移、变更到合并后的企业,暂不征土地增值税。

(3) 按照法律规定或者合同约定,企业分设为两个或两个以上与原企业投资主体相同的企业,对原企业将国有土地、房屋权属转移、变更到分立后的企业,暂不征土地增值税。

(4) 单位、个人在改制重组时以国有土地、房屋进行投资,对其将国有土地、房屋权属转移、变更到被投资的企业,暂不征土地增值税。

(5) 上述改制重组有关土地增值税政策不适用于房地产开发企业。

财税〔2015〕5 号文件执行期限为 2015 年 1 月 1 日至 2017 年 12 月 31 日。2018 年 3 月 5 日,李克强总理在第十三届全国人大第一次会议上作年度政府工作报告表示,将继续实施企业重组土地增值税、契税等到期优惠政策。

六、申报与缴纳

(一) 纳税期限与纳税地点

(1) 纳税人应在转让房地产合同签订后的七日内,到房地产所在地主管税务机关办理纳税申报,并向税务机关提交房屋及建筑物产权、土地使用权证书,土地转让、房产买卖合同,房地产评估报告及其他与转让房地产有关的资料。

纳税人因经常发生房地产转让而难以在每次转让后申报的,经税务机关审核同意后，可以定期进行纳税申报，具体期限由税务机关根据情况确定。

（2）纳税人按照税务机关核定的税额及规定的期限缴纳土地增值税。

（二）房地产开发项目土地增值税的清算管理

1. 土地增值税的清算受理

（1）符合下列情形之一的，纳税人应当进行土地增值税的清算：

① 房地产开发项目全部竣工、完成销售的。

② 整体转让未竣工决算房地产开发项目的。

③ 直接转让土地使用权的。

（2）符合下列情形之一的，主管税务机关可要求纳税人进行土地增值税清算：

① 已竣工验收的房地产开发项目，已转让的房地产建筑面积占整个项目可售建筑面积的比例在85%以上，或未超85%，但剩余可售建筑面积已经出租或自用。

② 取得销售（预售）许可证满三年仍未销售完毕的。

③ 纳税人申请注销税务登记但未办理土地增值税清算手续的。

上述情形，应在办理注销登记前进行土地增值税清算。

2. 清算时相关问题的处理

（1）土地增值税清算收入的确认：

土地增值税清算时，已全额开具商品房销售发票的，按照发票所载金额确认收入；未开具发票或未全额开具发票的，以交易双方签订的销售合同所载的售房金额及其他收益确认收入。

营改增后进行房地产开发项目土地增值税清算：

① 土地增值税应税收入＝营改增前转让房地产取得的收入＋营改增后转让房地产取得的不含增值税收入。

② 与转让房地产有关的税金＝营改增前实际缴纳的营业税、城建税、教育费附加＋营改增后允许扣除的城市维护建设税、教育费附加。

（2）房地产开发企业未支付的质量保证金：

扣留建筑安装施工企业的工程款（质保金），建筑安装施工企业开具发票的，按发票所载金额予以扣除；未开具发票的，扣留的质保金不得计算扣除。

（3）房地产企业逾期开发缴纳的土地闲置费不得扣除。

（4）房地产开发企业取得土地使用权时支付的契税计入“取得土地使用权所支付的金额”中扣除。

（5）清算补缴的土地增值税，在主管税务机关规定的期限内补缴的，不加收滞纳金。

（6）房地产开发企业将开发产品用于职工福利、奖励、对外投资、分配给股东或投资人、抵偿债务、换取其他单位和个人的非货币性资产等，发生所有权转移时应视同销售房地产。

（7）房地产开发企业将开发的部分房地产转为企业自用或用于出租等商业用途时，如果产权未发生转移，不征收土地增值税，在税款清算时不列收入，不扣除相应的成本和费用。

(8) 房地产开发企业开发建造的与清算项目配套的居委会和派出所用房、会所、停车场(库)、物业管理场所、变电站、热力站、水厂、文体场馆、学校、幼儿园、托儿所、医院、邮电通信等公共设施，按以下原则处理：

① 建成后产权属于全体业主所有的，其成本、费用可以扣除。

② 建成后无偿移交给政府、公用事业单位用于非营利性社会公共事业的，其成本、费用可以扣除。

③ 建成后有偿转让的，应计算收入，并准予扣除成本、费用。

④ 房地产开发企业销售已装修的房屋，其装修费用可以计入房地产开发成本；其他预提费用，除另有规定外，不得扣除。

3. 土地增值税清算中的核定征收

土地增值税清算中符合以下条件之一的，可核定征收：

(1) 依照法律、行政法规的规定应当设置但未设置账簿的。

(2) 擅自销毁账簿或者拒不提供纳税资料的。

(3) 虽设置账簿，但账目混乱或者成本资料、收入凭证、费用凭证残缺不全，难以确定转让收入或扣除项目金额的。

(4) 符合土地增值税清算条件，企业未按照规定的期限办理清算手续，经税务机关责令限期清算，逾期仍不清算的。

(5) 申报的计税依据明显偏低，又无正当理由的。

4. 土地增值税清算后销售或有偿转让

纳税人应按规定进行土地增值税的纳税申报，扣除项目金额按清算时的单位建筑面积成本费用乘以销售或转让面积计算。

单位建筑面积成本费用＝清算时的扣除项目总金额÷清算的总建筑面积

【案例解说】

甲房地产开发公司开发A项目的可售总面积为45 000平方米，截至2016年8月底销售面积为40 500平方米，取得收入40 500万元；计算土地增值税时扣除项目金额合计29 013.75万元；尚余4 500平方米房屋未销售。2016年9月主管税务机关要求房地产开发公司就A项目进行土地增值税清算。2017年2月底，公司将剩余4 500平方米房屋打包销售，收取价款4 320万元。

(1) 计算公司打包销售的4 500平方米房屋的单位建筑面积成本费用。

29 013.75÷40 500＝0.72(万元)

(2) 计算公司打包销售的4 500平方米房屋的土地增值税。

扣除项目＝0.72×4 500＝3 240(万元)

增值额＝4 320－3 240＝1 080(万元)

增值率＝1 080÷3 240×100％＝33.33％

应纳土地增值税＝1 080×30％＝324(万元)

第四节　耕地占用税

耕地占用税是对占用耕地建房或从事其他非农业建设的单位和个人，就其实际占用的耕地面积征收的一种税。它属于对特定土地资源占用课税。

【延展阐释】

耕地占用税纳税人的认定：

(1) 耕地占用税纳税人应主要依据农用地转用审批文件认定。农用地转用审批文件中标明用地人的，用地人为纳税人；审批文件中未标明用地人的，应要求申请用地人举证实际用地人，实际用地人为纳税人；实际用地人尚未确定的，申请用地人为纳税人。占用耕地尚未经批准的，实际用地人为纳税人。

(2) 城市和村庄、集镇建设用地审批中，按土地利用年度计划分批次批准的农用地转用审批，批准文件中未标明建设用地人且用地申请人为各级人民政府的，由同级土地储备中心履行耕地占用税申报纳税义务；没有设立土地储备中心的，由国土资源管理部门或政府委托的其他部门履行耕地占用税申报纳税义务。

一、征税范围

国家所有和集体所有的耕地。

(1) 种植农作物的土地：种植粮食作物、经济作物的农田，种植蔬菜和果树的菜地、园地及其附属的土地(如田间道路)。园地指果园、茶园、其他园地。

(2) 占用林地、牧草地、农田水利地、养殖水面以及渔业水域滩涂等其他农用地建房或从事非农业建设，比照占用耕地征收耕地占用税，税额可以适当低于当地占用耕地的适用税额。

① 林地，包括有林地、灌木林地、疏林地、未成林地、迹地、苗圃等，不包括居民点内部的绿化林木用地，铁路、公路征地范围内的林木用地，以及河流、沟渠的护堤林用地。

② 牧草地，包括天然牧草地、人工牧草地。

③ 农田水利用地，包括农田排灌沟渠及相应附属设施用地。农田水利不论是否包含建筑物、构筑物占用耕地，均不属于耕地占用税征收范围，不征收耕地占用税。

④ 养殖水面，包括人工开挖或者天然形成的用于水产养殖的河流水面、湖泊水面、水库水面、坑塘水面及相应附属设施用地。

⑤ 渔业水域滩涂，包括专门用于种植或者养殖水生动植物的海水潮浸地带和滩地。

(3) 用于农业生产并已由相关行政主管部门发放使用权证的草地，以及用于种植芦苇并定期进行人工养护管理的苇田，属于耕地占用税的征税范围。

(4) 临时占用耕地，应当依规定缴纳耕地占用税。纳税人在批准临时占用耕地的期限内恢复所占用耕地原状的，全额退还已经缴纳的耕地占用税。

临时占用应税土地，是指纳税人因建设项目施工、地质勘查等需要，在一般不超过2年内临时使用应税土地并且没有修建永久性建筑物的行为。

因污染、取土、采矿塌陷等损毁应税土地的，由造成损毁的单位或者个人缴纳耕地占用税。超过2年未恢复土地原状的，已征税款不予退还。

(5) 建设直接为农业生产服务的生产设施占用农用地的，不征收耕地占用税。直接为农业生产服务而建设的建筑物和构筑物具体包括：储存农用机具和种子、苗木、木材等农业产品的仓储设施；培育、生产种子、种苗的设施；畜禽养殖设施；木材集材道、运材道；农业科研、试验、示范基地；野生动植物保护、护林、森林病虫害防治、森林防火、木材检疫的设施；专为农业生产服务的灌溉排水、供水、供电、供热、供气、通讯基础设施；农业生产者从事农业生产必需的食宿和管理设施；其他直接为农业生产服务的生产设施。

二、应纳税额的计算

(一) 计税依据

以纳税人实际占用耕地面积为计税依据，以每平方米为计量单位。

实际占用的耕地面积，包括经批准占用的耕地面积和未经批准占用的耕地面积。

耕地占用税计税面积核定的主要依据是农用地转用审批文件，必要时应实地勘测。纳税人实际占地面积(含受托代占地面积)大于批准占地面积的，按实际占地面积计税；实际占地面积小于批准占地面积的，按批准占地面积计税。

(二) 税率

(1) 耕地占用税的税额规定如下：

① 人均耕地不超过1亩的地区(以县级行政区域为单位，下同)，每平方米为10元至50元。

② 人均耕地超过1亩但不超过2亩的地区，每平方米为8元至40元。

③ 人均耕地超过2亩但不超过3亩的地区，每平方米为6元至30元。

④ 人均耕地超过3亩的地区，每平方米为5元至25元。

国务院财政、税务主管部门根据人均耕地面积和经济发展情况确定各省、自治区、直辖市的平均税额。

各地适用税额，由省、自治区、直辖市人民政府在上述规定的税额幅度内，根据本地区情况核定。各省、自治区、直辖市人民政府核定的适用税额的平均水平，不得低于国务院财政、税务主管部门规定的平均税额。

（2）经济特区、经济技术开发区和经济发达且人均耕地特别少的地区，适用税额可以适当提高，但是提高的部分最高不得超过本条例第五条第三款规定的当地适用税额的50%。

（3）占用基本农田的，适用税额应当在本条例第五条第三款、第六条规定的当地适用税额的基础上提高50%。

（三）计算公式

应纳税额＝实际占用耕地面积（平方米）×适用定额税率

【案例解说】

2012年6月农村居民陈某因受灾住宅倒塌，经批准占用150平方米耕地新建住宅，当地耕地占用税税率为20元/平方米。计算陈某应缴纳耕地占用税。

农村居民占用耕地新建住宅，按照当地适用税额减半征收。应缴纳耕地占用税＝150×20×50%＝1 500（元）

三、税收优惠

（一）税收免征

（1）军事设施占用耕地：

① 地上、地下的军事指挥、作战工程。

② 军用机场、港口、码头。

③ 营区、训练场、试验场。

④ 军用洞库、仓库。

⑤ 军用通信、侦查、导航、观测台站和测量、导航、助航标志。

⑥ 军用公路、铁路专用线，军用通讯、输电线路，军用输油、输水管道。

⑦ 其他直接用于军事用途的设施。

（2）学校、幼儿园、养老院、医院占用耕地：

① 学校：县级以上人民政府教育行政部门批准成立的大学、中学、小学、学历性职业教育学校以及特殊教育学校。学校内经营性场所和教职工住房占用耕地的纳税。

② 幼儿园：限于县级人民政府教育行政部门登记注册或者备案的幼儿园内专门用于幼儿保育、教育的场所。

③ 养老院:限于经批准设立的养老院内专门为老人提供生活照顾的场所。

④ 医院:限于县级以上人民政府卫生行政部门批准设立的医院内专门用于提供医护服务的场所及其配套设施。医院内职工住房占用耕地的征税。

(3) 对北京 2022 年冬奥会场馆及其配套设施建设占用耕地,免征耕地占用税。

(4) 对国家石油储备基地第一期项目建设过程中应由国家石油储备基地缴纳的营业税、城市维护建设税、教育费附加、城镇土地使用税、印花税、耕地占用税和契税予以免征。

(二) 税收减征

(1) 铁路线路、公路线路、飞机场跑道、停机坪、港口、航道占用耕地,减按每平方米 2 元的税额征税。

① 铁路线路:限于铁路路基、桥梁、涵洞、隧道及其按照规定两侧留底。专用铁路和铁路专用线占用耕地的纳税。

② 公路线路:限于经批准建设的国道、省道、乡道和属于农村公路的村道和主体工程以及两侧边沟或者截水沟。专用公路和城区内机动车道占用耕地的纳税。

③ 飞机跑道、停机坪:限于经批准建设的民用机场专用于民用航空器起降、滑行、停放的场所。

④ 港口:限于经批准建设的港口内供船舶进出、停靠以及旅客上下、货物装卸的场所。

⑤ 航道:限于在江、河、湖泊、港湾等水域内供船舶安全航行的通道。

(2) 农村居民占用耕地新建住宅,按照当地适用税额减半征收耕地占用税。

① 农村居民占用耕地建住宅,是指农村居民经批准在户口所在地按照规定标准占用耕地建设自用住宅。

② 农村居民经批准搬迁,原住宅基地恢复耕种,凡新建住宅占用耕地不超过原住宅基地面积的,不征收耕地占用税;超过原住宅基地面积的,对超过部分按照当地适用税额减半征收耕地占用税。

③ 农村烈士家属、残疾军人、鳏寡孤独以及革命老根据地、少数民族聚居区和边远贫困山区生活困难的农村居民,在规定用地标准以内新建住宅缴纳耕地占用税确有困难的,经所在地乡(镇)人民政府审核,报经县级人民政府批准后,可以免征或者减征耕地占用税。

(3) 免征或者减征耕地占用税后,纳税人改变原占地用途,不再属于免征或者减征耕地占用税情形的,应当按照当地适用税额补缴耕地占用税。

四、申报与缴纳

(一) 纳税义务发生的时间

(1) 经批准占用的为纳税人收到土地管理部门办理占用农用地手续通知的当天。未批准占用的为实际占用的当天。

(2) 已享受减免税的应税土地改变用途,不再属于减免税范围的,耕地占用税纳税义务发生时间为纳税人改变土地用途的当天。

(二) 纳税期限

耕地占用税纳税人依照税收法律法规及相关规定,应在获准占用应税土地收到土地管理部门的通知之日起 30 日内向主管地税机关申报缴纳耕地占用税;未经批准占用应税土地的纳税人,应在实际占地之日起 30 日内申报缴纳耕地占用税。

对超过规定期限缴纳耕地占用税的,应按照《税收征管法》的有关规定加收滞纳金。

(三) 纳税地点

纳税人占用耕地或其他农用地,应当在耕地或其他农用地所在地申报纳税。

第五节 资 源 税

资源税是以部分自然资源为课税对象,对在我国境内(包括领域及管辖海域)开采或生产应税产品单位和个人,就其应税产品销售额或销售数量为计税依据而征收的一种税。

一、纳税义务人及征税范围

在我国领域及管辖海域开采应税矿产品或者生产盐的单位和个人,为资源税的纳税人。自 2016 年 7 月 1 日起,在河北省利用取水工程或者设施直接从江河、湖泊(含水库)和地下取用地表水、地下水的单位和个人,为水资源税纳税人。自 2017 年 12 月 1 日起,在北京、天津、山西、内蒙古、山东、河南、四川、陕西、宁夏等 9 个省(自治区、直辖市)直接取用地表水、地下水的单位和个人,为水资源税纳税人。

(1) 水资源税的征税对象为地表水和地下水。

地表水是陆地表面上动态水和静态水的总称,包括江、河、湖泊(含水库)等水资源。

地下水是埋藏在地表以下各种形式的水资源。

(2) 开采海洋、陆上油气资源的中外合作油气田、自营油气田,自 2011 年 11 月 1 日起新签订的合同缴纳资源税,不再缴纳矿区使用费。

(3) 收购未税矿产品的独立矿山、联合企业及其他收购未税矿产品的单位为资源税的扣缴义务人。资源税代扣代缴的适用范围应限定在除原油、天然气、煤炭以外的,税源小、零散、不定期开采等难以在采矿地申报缴纳资源税的矿产品。对已纳入开采地正常税务管理或者在销售矿产品时开具增值税发票的纳税人,不采用代扣代缴的征管方式。

(4) 进口应税矿产品和盐不征收资源税。

(5) 由开采应税矿产品及生产盐的单位和个人单一环节缴纳。

(6) 资源税在应税产品销售或者自用环节计算缴纳。纳税人以自采原矿加工精矿产品的，在原矿移送使用时不缴纳资源税，在精矿销售或者自用时缴纳资源税。

纳税人以自采原矿直接加工为非应税产品或者以自采原矿加工的精矿连续生产非应税产品的，在原矿或者精矿移送环节计算缴纳资源税。

以应税产品投资、分配、抵债、赠与、以物易物等，在应税产品所有权转移时计算缴纳资源税。

二、税目和税率

(一) 税目

(1) 原油：开采的天然原油，不包括人造石油。

(2) 天然气：专门开采或与原油同时开采的天然气。

(3) 煤炭：2014 年 12 月 1 日起，应税煤炭包括原煤和以未税原煤加工的洗选煤（不包括煤矸石、煤炭制品）。

(4) 金属矿：包括原矿、精矿，如稀土矿、金矿等。

(5) 非金属矿：包括原矿、精矿，如石灰石、井矿盐、湖盐、地下卤水晒制的盐、海盐、煤层气、粘土、砂石等。

(6) 水资源：包括地表水和地下水。

(二) 税率

2016 年 7 月 1 日起，列举名称的 21 种品目和未列举从价计征为主、从量计征为辅的计征方式，如表 3-5 所示。

表 3-5　资源税税目税率幅度表

序号	税目		征税对象	税率幅度
1	金属矿	铁矿	精矿	1%～6%
2		金矿	金锭	1%～4%
3		铜矿	精矿	2%～8%
4		铝土矿	原矿	3%～9%
5		铅锌矿	精矿	2%～6%
6		镍矿	精矿	2%～6%
7		锡矿	精矿	2%～6%
8		稀土矿	轻稀土（精矿）	内蒙古为 11.5%、四川为 9.5%、山东为 7.5%

（续表）

序号	税目		征税对象	税率幅度
9	金属矿		中重稀土（精矿）	27%
10	金属矿	钨矿	精矿	6.5%
11	金属矿	钼矿	精矿	11%
12	金属矿	未列举名称的其他金属矿产品	原矿或精矿	税率不超过20%
13	非金属矿	石墨	精矿	3%～10%
14	非金属矿	硅藻土	精矿	1%～6%
15	非金属矿	高岭土	原矿	1%～6%
16	非金属矿	萤石	精矿	1%～6%
17	非金属矿	石灰石	原矿	1%～6%
18	非金属矿	硫铁矿	精矿	1%～6%
19	非金属矿	磷矿	原矿	3%～8%
20	非金属矿	氯化钾	精矿	3%～8%
21	非金属矿	硫酸钾	精矿	6%～12%
22	非金属矿	井矿盐	氯化钠初级产品	1%～6%
23	非金属矿	湖盐	氯化钠初级产品	1%～6%
24	非金属矿	提取地下卤水晒制的盐	氯化钠初级产品	3%～15%
25	非金属矿	煤层（成）气	原矿	1%～2%
26	非金属矿	粘土、砂石	原矿	每吨或立方米0.1元～5元
27	非金属矿	未列举名称的其他非金属矿产品	原矿或精矿	从量税率每吨或立方米不超过30元；从价税率不超过20%
28	海盐		氯化钠初级产品	1%～5%
29	煤炭		原煤和以未税原煤加工的洗选煤	2%～10%
30	原油		天然原油	6%～10%
31	天然气		专门开采或者与原油同时开采的天然气	6%～10%
32	水资源		对水力发电和火力发电贯流式以外的取用水设置最低税额标准	地区差别定额税率
32	水资源		水力发电和火力发电贯流式取用水	每千瓦小时0.005元

【温馨提示】

(1) 铝土矿包括耐火级矾土、研磨级矾土等高铝粘土。

(2) 氯化钠初级产品是指井矿盐、湖盐原盐、提取地下卤水晒制的盐和海盐原盐，包括固体和液体形态的初级产品。

(3) 海盐是指海水晒制的盐，不包括提取地下卤水晒制的盐。

(4) 金矿以标准金锭为征税对象，纳税人销售金原矿、金精矿的，应比照《财政部 国家税务总局关于资源税改革具体政策问题的通知》(财税〔2016〕54 号)规定将其销售额换算为金锭销售额缴纳资源税。

(5) 纳税人开采或者生产不同税目应税产品的，应当分别核算不同税目应税产品的销售额或者销售数量；未分别核算或者不能准确提供不同税目应税产品的销售额或者销售数量的，从高适用税率。

三、应纳税额的计算

(一) 销售额的确定

1. 销售额的一般规定

纳税人销售应税产品向购买方收取的全部价款和价外费用，不包括增值税销项税额和运杂费用。

2. 原矿销售额与精矿销售额的换算或折算

为公平原矿与精矿之间的税负，对同一种应税产品进行换算或折算，具体如表 3-6 所示。

表 3-6　原矿销售额与精矿销售额的换算或折算

征税对象	销售对象	换算或折算	计税依据
精矿	原矿	原矿→精矿	精矿销售额
原矿	自采原矿加工的精矿	精矿→原矿	原矿销售额
标准金锭	金原矿、金精矿	原矿、精矿→金锭销售额	金锭销售额
换算比或折算率：原矿售价、精矿售价和选矿比；也可通过原矿销售额、加工环节平均成本和利润计算。			

【温馨提示】

原矿和精矿的销售额或者销售量应当分别核算，未分别核算的，从高确定计税销售额或者销售数量。

【延展阐述】

(1) 纳税人开采应税产品由其关联单位对外销售,按关联单位销售额征收资源税;既有对外销售,又有连续生产非应税产品,对自用的这部分应税产品,按对外售价征收资源税。

(2) 纳税人将其开采的应税产品直接出口的,按其离岸价格(不含增值税)为销售额。

(3) 视同销售包括以下情形:

① 纳税人以自采原矿直接加工为非应税产品的,视同原矿销售。

② 纳税人以自采原矿洗选(加工)后的精矿连续生产非应税产品的,视同精矿销售。

③ 以应税产品投资、分配、抵债、赠与、以物易物等,视同应税产品销售。

(4) 纳税人有视同销售应税产品行为而无销售价格的,或者申报的应税产品销售价格明显偏低且无正当理由的,税务机关应按下列顺序确定其应税产品计税价格:

① 按纳税人最近时期同类产品的平均销售价格确定。

② 按其他纳税人最近时期同类产品的平均销售价格确定。

③ 按应税产品组成计税价格确定。

$$组成计税价格=成本\times(1+成本利润率)\div(1-资源税税率)$$

④ 按后续加工非应税产品销售价格,减去后续加工环节的成本利润后确定。

⑤ 按其他合理方法确定。

(5) 纳税人与其关联企业之间的业务往来,应当按照独立企业之间的业务往来收取或者支付价款、费用。不按照独立企业之间的业务往来收取或者支付价款、费用,而减少其计税销售额的,税务机关可以按照《中华人民共和国税收征收管理法》及其实施细则的有关规定进行合理调整。

(6) 价外费用。

价外费用应换算为不含增值税计入销售额,包括价外向购买方收取的手续费、补贴、基金、集资费、返还利润、奖励费、违约金、延期付款利息、储备费、优质费等。

(7) 运杂费用。

运杂费用应与销售额分别核算,凡未取得相应凭据或不能与销售额分别核算的,应当一并计征资源税。

对同时符合以下条件的运杂费用,纳税人在计算应税产品计税销售额时,可予以扣减:

① 包含在应税产品销售收入中。

② 属于纳税人销售应税产品环节发生的运杂费用,具体是指运送应税产品从坑口或者洗选(加工)地到车站、码头或者购买方指定地点的运杂费用。

③ 取得相关运杂费用发票或者其他合法有效凭据。

④ 将运杂费用与计税销售额分别进行核算。

纳税人扣减的运杂费用明显偏高导致应税产品价格偏低且无正当理由的，主管税务机关可以合理调整计税价格。

(8) 纳税人以自采未税产品和外购已税产品混合销售或者混合加工为应税产品销售的，在计算应税产品计税销售额时，准予扣减已单独核算的已税产品购进金额；未单独核算的，一并计算缴纳资源税。已税产品购进金额当期不足扣减的可结转下期扣减。

外购原矿或者精矿形态的已税产品与本产品征税对象不同的，在计算应税产品计税销售额时，应对混合销售额或者外购已税产品的购进金额进行换算或者折算。

纳税人核算并扣减当期外购已税产品购进金额，应依据外购已税产品的增值税发票、海关进口增值税专用缴款书或者其他合法有效凭据。

【案例解说】

某油气田开采企业9月开采天然气300万立方米，开采成本为400万元，全部销售给关联企业，价格明显偏低并且无正当理由。当地无同类天然气售价，主管税务机关确定的成本利润率为10%，则该油气田企业当月应纳资源税(税率6%)：

$$应纳资源税=400\times(1+10\%)\div(1-6\%)\times6\%=28.09(万元)$$

3. 煤炭资源税计税销售额

1) 洗选煤计税销售额——折算率

$$洗选煤计税销售额=洗选煤销售额\times折算率$$

2) 计税销售额的扣减

原煤及洗选煤计税销售额中包含的运输费用、建设基金以及随运销产生的装卸、仓储、港杂等费用应与煤价分别核算。凡取得相应凭据的，允许在计算煤炭计税销售额时予以扣减，扣减的凭据包括有关发票或者经主管税务机关审核的其他凭据。

【案例解说】

某煤矿企业为增值税一般纳税人，2016年6月开采原煤500万吨，销售原煤60万吨，取得不含税销售额12 000万元，另外收取含税装卸费、仓储费5.85万元。将自产原煤400万吨移送生产洗选煤150万吨，本月销售洗选煤120万吨，取得不含税销售额36 000万元。计算该企业2016年6月应缴纳资源税(洗选煤折算率80%，资源税税率10%)。

装卸费和仓储费属于价外费用，以价税分离后计入销售额中计税。原煤加工洗选煤后销售的，以洗选煤销售额为计税依据计税。当月应纳资源税＝(12 000＋5.85÷1.17)×10%＋36 000×80%×10%＝4 080.50(万元)

4. 稀土、钨、钼资源税的计税依据

1）精矿的计税销售额

纳税人将其开采的原矿加工为精矿销售的，按精矿销售额为计税依据计算缴纳资源税。

精矿销售额＝精矿销售量×单位价格

2）原矿的销售额

纳税人开采并销售原矿的，将原矿销售额(不含增值税)换算为精矿销售额计算缴纳资源税。

3）原矿销售额与精矿销售额换算(见表 3-7)

表 3-7　原矿销售额换算为精矿销售额的换算方法及公式

换算方法	换算公式
成本法	精矿销售额＝原矿销售额＋原矿加工为精矿的成本×(1＋成本利润率)
市场法	精矿销售额＝原矿销售额×换算比 其中:换算比＝同类精矿单位价格÷(原矿单位价格×选矿比) 选矿比＝加工精矿耗用的原矿数量÷精矿数量

4）关于共生矿、伴生矿的纳税

与稀土共生、伴生的铁矿石，在计征铁矿石资源税时，准予扣减其中共生、伴生的稀土矿石数量。

与稀土、钨和钼共生、伴生的应税产品，或者稀土、钨和钼为共生、伴生矿的，在改革前未单独计征资源税的，改革后暂不计征资源税。

【案例解说】

某稀土矿开采企业为增值税一般纳税人，2016 年 5 月发生下列业务：

(1) 开采稀土原矿并共生铁矿石，开采总量 1 000 吨，其中稀土原矿 550 吨，本月对外销售稀土原矿 200 吨，每吨不含税价格 0.5 万元。

(2) 将开采的部分稀土原矿连续加工为精矿，本月对外销售稀土精矿 100 吨，每吨不含税价格 1.5 万元，向购买方一并收取从矿区到指定运达地客运费 1 万元。

已知：按照市场法计算资源税，稀土矿原矿与精矿换算比为 2，稀土精矿资源税税率为 11.5%，铁矿石资源税税率为 20 元/吨。

该企业业务(1)应缴纳资源税＝200×0.5×2×11.5%＝23(万元)。

该企业业务(2)应缴纳资源税＝100×1.5×11.5%＝17.25(万元)。

（二）销售数量的确定

1. 基本规定

纳税人开采或生产应税产品的实际销售数量和视同销售的自用数量。原矿和精矿的销售量应当分别核算，未分别核算的，从高确定计税销售数量。

2. 水资源的计税依据——实际取用水量

城镇公共供水企业实际取用水量应当考虑合理损耗因素。

疏干排水的实际取用水量按照排水量确定。疏干排水是指在采矿和工程建设过程中破坏地下水层、发生地下涌水的活动。

水力发电和火力发电贯流式取用水量按照实际发电量确定。

（三）计算公式

1. 从价定率征收资源税（见表3-8）

应纳税额＝（不含增值税）销售额×适用税率

表3-8 从价定率征收资源税计算

征收对象	计税依据	应纳税额
原矿	原矿销售额；精矿销售额换算原矿销售额	＝原矿销售额×适用税率； 或＝精矿销售额×折算率×适用税率
精矿	精矿销售额；原矿销售额换算精矿销售额	＝精矿销售额×适用税率； 或＝原矿销售额×换算比×适用税率

2. 从量定额征收资源税

（1）应纳税额＝课税数量×单位税额

（2）水资源税实行从量计征：

应纳税额＝取水口所在地税额标准×实际取用水量

水力发电和火力发电贯流式（不含循环式）冷却取用水应纳税额的计算公式为：

应纳税额＝实际发电量×适用税额

四、税收优惠

（一）一般规定

（1）有下列情形之一，减征或免征资源税：

① 开采原油过程中用于加热、修井的原油，免税。

② 纳税人开采或者生产应税产品过程中，因意外事故或者自然灾害等原因遭受重大损失的，由省、自治区、直辖市人民政府酌情决定减税或者免税。

③ 国务院规定的其他减税、免税项目。

税人的减税、免税项目，应当单独核算销售额或者销售数量；未单独核算或者不能准确提供销售额或者销售数量的，不予减税或者免税。

(2) 对依法在建筑物下、铁路下、水体下通过充填开采方式采出的矿产资源，资源税减征 50%。

充填开采是指随着回采工作面的推进，向采空区或离层带等空间充填废石、尾矿、废渣、建筑废料以及专用充填合格材料等采出矿产品的开采方法。

减征资源税的充填开采，应当同时满足以下三个条件：一是采用先进适用的胶结或膏体等充填方式；二是对采空区实行全覆盖充填；三是对地下含水层和地表生态进行必要的保护。

(3) 对实际开采年限在 15 年以上的衰竭期矿山开采的矿产资源，资源税减征 30%。

衰竭期矿山是指剩余可采储量下降到原设计可采储量的 20%(含)以下或剩余服务年限不超过 5 年的矿山，以开采企业下属的单个矿山为单位确定。

(4) 对鼓励利用的低品位矿、废石、尾矿、废渣、废水、废气等提取的矿产品，由省级人民政府根据实际情况确定是否给予减税或免税。

(5) 为促进共伴生矿的综合利用，纳税人开采销售共伴生矿，共伴生矿与主矿产品销售额分开核算的，对共伴生矿暂不计征资源税；没有分开核算的，共伴生矿按主矿产品的税目和适用税率计征资源税。财政部、国家税务总局另有规定的，从其规定。

(6) 自 2015 年 5 月 1 日起，将铁矿石资源税由减按规定税额标准的 80%征收调整为减按规定税额标准的 40%征收。

(二) 原油、天然气资源税优惠政策

(1) 对油田范围内运输稠油过程中用于加热的原油、天然气免征资源税。

(2) 对稠油、高凝油和高含硫天然气资源税减征 40%。

稠油，是指地层原油粘度大于或等于 50 毫帕/秒或原油密度大于或等于 0.92 克/立方厘米的原油。高凝油，是指凝固点大于 40℃的原油。高含硫天然气，是指硫化氢含量大于或等于 30 克/立方米的天然气。

(3) 对三次采油资源税减征 30%。

三次采油，是指二次采油后继续以聚合物驱、复合驱、泡沫驱、气水交替驱、二氧化碳驱、微生物驱等方式进行采油。

(4) 对低丰度油气田资源税暂减征 20%。

陆上低丰度油田，是指每平方公里原油可采储量丰度在 25 万立方米(不含)以下的油田；陆上低丰度气田，是指每平方公里天然气可采储量丰度在 2.5 亿立方米(不含)以下的气田。

海上低丰度油田，是指每平方公里原油可采储量丰度在 60 万立方米(不含)以下的油田；海上低丰度气田，是指每平方公里天然气可采储量丰度在 6 亿立方米(不含)以下的气田。

(5) 对深水油气田资源税减征 30%。

深水油气田，是指水深超过 300 米(不含)的油气田。

符合上述减免税规定的原油、天然气划分不清的，一律不予减免资源税；同时符合上述两项及两项以上减税规定的，只能选择其中一项执行，不能叠加适用。

(6) 为促进页岩气开发利用，有效增加天然气供给，经国务院同意，自 2018 年 4 月 1 日至 2021 年 3 月 31 日，对页岩气资源税(按 6%的规定税率)减征 30%。

(三) 煤炭资源税的税收优惠

(1) 对衰竭期煤矿开采的煤炭，资源税减征 30%。

衰竭期煤矿，是指剩余可采储量下降到原设计可采储量的 20%(含)以下，或者剩余服务年限不超过 5 年的煤矿。

(2) 对充填开采置换出来的煤炭，资源税减征 50%。

纳税人开采的煤炭，同时符合上述减税情形的，纳税人只能选择其中一项执行，不能叠加适用。

(四) 水资源税的税收优惠

(1) 2016 年 7 月 1 日起，在河北省：

① 对规定限额内的农业生产取用水，免征水资源税。

② 对取用污水处理回用水、再生水等非常规水源，免征水资源税。

③ 财政部、国家税务总局规定的其他情形。

(2) 自 2017 年 12 月 1 日起在北京、天津、山西、内蒙古、山东、河南、四川、陕西、宁夏等 9 个省(自治区、直辖市)：

① 下列情形，不缴纳水资源税：

第一，农村集体经济组织及其成员从本集体经济组织的水塘、水库中取用水的。

第二，家庭生活和零星散养、圈养畜禽饮用等少量取用水的。

第三，水利工程管理单位为配置或者调度水资源取水的。

第四，为保障矿井等地下工程施工安全和生产安全必须进行临时应急取用(排)水的。

第五，为消除对公共安全或者公共利益的危害临时应急取水的。

第六，为农业抗旱和维护生态与环境必须临时应急取水的。

② 下列情形，予以免征或者减征水资源税：

第一，规定限额内的农业生产取用水，免征水资源税。

第二，取用污水处理再生水，免征水资源税。

第三，除接入城镇公共供水管网以外，军队、武警部队通过其他方式取用水的，免征水资源税。

第四，抽水蓄能发电取用水，免征水资源税。

第五，采油排水经分离净化后在封闭管道回注的，免征水资源税。

第六，财政部、税务总局规定的其他免征或者减征水资源税情形。

③ 在北京2022年冬奥会场馆（场地）建设、试运营、测试赛及冬奥会及冬残奥会期间，对用于北京2022年冬奥会场馆（场地）建设、运维的水资源，免征应缴纳的水资源税。

（五）关于稀土、钨和钼共生矿、伴生矿的政策

与稀土共生、伴生的铁矿石，在计征铁矿石资源税时，准予扣减其中共生、伴生的稀土矿石数量。

与稀土、钨和钼共生、伴生的应税产品，或者稀土、钨和钼为共生、伴生矿的，在改革前未单独计征资源税的，改革后暂不计征资源税。

（六）进出口应税矿产资源

进口不征资源税；出口不免退资源税。

五、申报与缴纳

（一）纳税义务发生的时间

纳税人销售应税产品，纳税义务发生时间为收讫销售款或者取得索取销售款凭据的当天；自产自用应税产品，纳税义务发生时间为移送使用的当天。

（1）分期收款销售纳税义务发生的时间为销售合同规定的收款日期的当天。

（2）预收货款销售纳税义务发生的时间为发出应税产品的当天。

（3）自产自用应税产品纳税义务发生的时间为移送使用应税产品当天。

（4）水资源税纳税义务发生的时间为纳税人取用水资源的当日。

（5）代扣代缴税款纳税义务发生的时间为支付首笔货款或首次开具支付货款凭据的当天。

【案例解说】

某金属矿开采企业为增值税一般纳税人，2016年9月生产经营情况如下：采用分期收款方式销售金属矿石5 000吨，不含税单价40元/吨，合同规定分两个月等额收回货款，9月份实际收到货款60 000元；当地资源税4%，原矿计税。

资源税＝5 000×40×50%×4%＝4 000（元）

增值税＝5 000×40×50%×17%＝17 000（元）

（二）纳税环节和纳税地点

（1）资源税在应税产品销售或者自用环节计算缴纳。纳税人以自采原矿加工精矿产品的，在原矿移送使用时不缴纳资源税，在精矿销售或者自用时缴纳资源税。

（2）纳税人以自采原矿直接加工为非应税产品或者以自采原矿加工的精矿连续生产非应税产品的，在原矿或者精矿移送环节计算缴纳资源税。

(3) 以应税产品投资、分配、抵债、赠与、以物易物等，在应税产品所有权转移时计算缴纳资源税。

(4) 纳税地点：

① 纳税人应当向矿产品的开采地或盐的生产地缴纳资源税。纳税人在本省、自治区、直辖市范围开采或者生产应税产品，其纳税地点需要调整的，由省级地方税务机关决定。

② 跨省开采资源税应税产品，其下属生产单位与核算单位不在同一省(自治区、直辖市)，对其开采的矿产品，一律在开采地或者生产地纳税。

③ 扣缴义务人代扣代缴的资源税，应当向收购地主管税务机关缴纳。

④ 海洋原油、天然气资源税向国家税务总局海洋石油税务管理机构缴纳。

⑤ 在河北省区域内取用水的，水资源税由取水审批部门所在地的地方税务机关征收。其中，由流域管理机构审批取用水的，水资源税由取水口所在地的地方税务机关征收。

在河北省内纳税地点需要调整的，由省级地方税务机关决定。

按照国务院或其授权部门批准的跨省、自治区、直辖市水量分配方案调度的水资源，水资源税由调入区域取水审批部门所在地的地方税务机关征收。

⑥ 在扩大水资源税改革试点地区，纳税人一般应当向生产经营所在地的税务机关申报缴纳水资源税。

在试点省份内取用水，其纳税地点需要调整的，由省级财政、税务部门决定。

跨省(区、市)调度的水资源，由调入区域所在地的税务机关征收水资源税。

跨省(区、市)水力发电取用水的水资源税在相关省份之间的分配比例，比照《财政部关于跨省区水电项目税收分配的指导意见》(财预〔2008〕84 号)明确的增值税、企业所得税等税收分配办法确定。

试点省份主管税务机关应当按照前款规定比例分配的水力发电量和税额，分别向跨省(区、市)水电站征收水资源税。

跨省(区、市)水力发电取用水涉及非试点省份水资源费征收和分配的，比照试点省份水资源税管理办法执行。

(三) 纳税期限

(1) 纳税人的纳税期限为 1 日、3 日、5 日、10 日、15 日或者 1 个月，由主管税务机关根据实际情况具体核定。不能按固定期限计算纳税的，可以按次计算纳税。

纳税人以 1 个月为一期纳税的，自期满之日起 10 日内申报纳税；以 1 日、3 日、5 日、10 日或者 15 日为一期纳税的，自期满之日起 5 日内预缴税款，于次月 1 日起 10 日内申报纳税并结清上月税款。

(2) 扣缴义务人的解缴税款期限，比照前条的规定执行。

(3) 水资源税:除农业生产取用水外,水资源税按季或者按月征收,由主管税务机关根据实际情况确定。对超过规定限额的农业生产取用水水资源税可按年征收。不能按固定期限计算纳税的,可以按次申报纳税。

纳税人应当自纳税期满或者纳税义务发生之日起 15 日内申报纳税。

(4) 各地税务机关应按照国务院深化“放管服”改革的总体要求和《中华人民共和国资源税暂行条例》规定,明确纳税人按月、按季、按日或者按次申报缴纳资源税,进一步优化纳税服务。

第六节　契　　税

契税是以所有权发生转移的不动产为征税对象,向承受产权的单位和个人征收的一种财产税。单位,是指企业单位、事业单位、国家机关、军事单位和社会团体以及其他组织。个人,是指个体经营者及其他个人。

一、征税对象及范围

契税的征税对象为发生土地使用权和房屋所有权权属转移的土地和房屋。其具体征税范围包括:

(1) 国有土地使用权出让,是指土地使用者向国家交付土地使用权出让费用,国家将国有土地使用权在一定年限内让予土地使用者的行为。

(2) 土地使用权转让,是指土地使用者以出售、赠与、交换或者其他方式将土地使用权转移给其他单位和个人的行为。不包括农村集体土地承包。

土地使用权出售,是指土地使用者以土地使用权作为交易条件,取得货币、实物、无形资产或者其他经济利益的行为。

土地使用权赠与,是指土地使用者将其土地使用权无偿转让给受赠者的行为。

土地使用权交换,是指土地使用者之间相互交换土地使用权的行为。

(3) 房屋买卖,是指房屋所有者将其房屋出售,由承受者交付货币、实物、无形资产或者其他经济利益的行为。对于承受与房屋相关的附属设施(包括停车位、汽车库、自行车库、顶层阁楼以及储藏室,下同)所有权或土地使用权的行为,征收契税;对于不涉及土地使用权和房屋所有权转移的,不征收契税。

房屋赠与,是指房屋所有者将其房屋无偿转让给受赠者的行为。

房屋交换,是指房屋所有者之间相互交换房屋的行为。

(4) 视同土地使用权转让、房屋买卖或者房屋赠与的行为：

① 以土地、房屋权属作价投资、入股。

② 以土地、房屋权属抵债。

③ 以获奖方式承受土地、房屋权属。

④ 以预购方式或者预付集资建房款方式承受土地、房屋权属。

(5) 房屋使用权的转移行为不属于契税征收范围，不征收契税。

(6) 单位、个人以房屋、土地以外的资产增资，相应扩大其在被投资公司的股权持有比例，无论被投资公司是否变更工商登记，其房屋、土地权属不发生转移，不征收契税。

(7) 对农村集体土地所有权、宅基地和集体建设用地使用权及地上房屋确权登记，不征收契税。

【案例解说】

甲企业2016年1月因无力偿还乙企业已到期的债务3 000万元，经双方协商甲企业同意以自有房产偿还债务，该房产的原值5 000万元，净值2 000万元，评估现值9 000万元，乙企业支付差价款6 000万元，双方办理了产权过户手续。则乙企业计缴契税的计税依据是9 000万元。

二、应纳税额的计算

(一) 计税依据

(1) 土地使用权出让、土地使用权出售、房屋买卖，其计税依据为成交价格的全额。成交价格，是指土地、房屋权属转移合同确定的价格。包括承受者应交付的货币、实物、无形资产或者其他经济利益。计征契税的成交价格不含增值税。

① 房屋买卖的契税计税价格为房屋买卖合同的总价款，买卖装修的房屋，装修费用应包括在内。

② 国有土地使用权出让，其计税依据为承受人为取得该土地使用权而支付的全部经济利益。不得因减免出让金而减免契税。

第一，以协议方式出让的，其契税计税价格为成交价格。成交价格包括土地出让金、土地补偿费、安置补助费、地上附着物和青苗补偿费、拆迁补偿费、市政配套费等承受者应支付的货币、实物、无形资产及其他经济利益。

没有成交价格或者成交价格明显偏低的，征收机关可依次按下列两种方式确定：

a. 评估价格：由政府批准设立的房地产评估机构根据相同地段、同类房地产进行综合评定，并经当地税务机关确认的价格。

b. 土地基准地价：由县以上人民政府公示的土地基准地价。

第二，以竞价方式出让的，其契税计税价格，一般应确定为竞价的成交价格，土地出让金、市政建设配套费以及各种补偿费用应包括在内。对通过“招、拍、挂”程序承受国有土地使用权的，应按照土地成交总价款计征契税，其中的土地前期开发成本不得扣除。

第三，先以划拨方式取得土地使用权，后经批准改为出让方式取得该土地使用权的，应依法缴纳契税，其计税依据为应补缴的土地出让金和其他出让费用。

第四，已购公有住房经补缴土地出让金和其他出让费用成为完全产权住房的，免征土地权属转移的契税。

第五，对纳税人因改变土地用途而签订土地使用权出让合同变更协议或者重新签订土地使用权出让合同的，应征收契税。计税依据为因改变土地用途应补缴的土地收益金及应补缴政府的其他费用。

③ 土地使用权受让人通过完成土地使用权转让方约定的投资额度或投资特定项目，以此获取低价转让或无偿赠与的土地使用权，属于契税征收范围，其计税价格由征收机关参照纳税义务发生时当地的市场价格核定。

④ 根据国家土地管理相关法律法规和《中华人民共和国契税暂行条例》及其实施细则的规定，土地使用者将土地使用权及所附建筑物、构筑物等（包括在建的房屋、其他建筑物、构筑物和其他附着物）转让给他人的，应按照转让的总价款计征契税。

土地使用者转让、抵押或置换土地，无论其是否取得了该土地的使用权属证书，无论其在转让、抵押或置换土地过程中是否与对方当事人办理了土地使用权属证书变更登记手续，只要土地使用者享有占有、使用、收益或处分该土地的权利，且有合同等证据表明其实质转让、抵押或置换了土地并取得了相应的经济利益，土地使用者及其对方当事人应当依照税法规定缴纳契税。

⑤ 企业承受土地使用权用于房地产开发，并在该土地上代政府建设保障性住房的，计税价格为取得全部土地使用权的成交价格。

（2）土地使用权赠与、房屋赠与，其计税依据由征收机关参照土地使用权出售、房屋买卖的市场价格核定。

（3）土地使用权交换、房屋交换，其计税依据是所交换的土地使用权、房屋的价格差额。

（4）房屋附属设施等有关契税政策：

① 采取分期付款方式购买房屋附属设施土地使用权、房屋所有权的，应按合同规定的总价款计征契税。

② 承受的房屋附属设施权属如为单独计价的，按照当地确定的适用税率征收契税；如与房屋统一计价的，适用与房屋相同的契税税率。

（5）税务机关核定的计税价格或收入不含增值税。

（二）税率

契税税率为3%～5%。

契税的适用税率，由省、自治区、直辖市人民政府在前款法规的幅度内按照本地区的实际情况确定，并报财政部和国家税务总局备案。

（三）应纳税额的计算

应纳税额＝计税依据×税率

应纳税额以人民币计算。转移土地、房屋权属以外汇结算的，按照纳税义务发生之日中国人民银行公布的人民币市场汇率中间价折合成人民币计算。

【案例解说 1】

居民甲某有四套住房，将一套价值 120 万元的别墅折价给乙某抵偿了 100 万元的债务；用市场价值 70 万元的第二、三两套两室住房与丙一套四室住房，另取得丙某赠送价值 12 万元的小轿车一辆；将第四套市场价值 50 万元的公寓房折成股份投入本人独资经营的企业。当地确定的契税税率为 3%。

甲、乙、丙纳税契税的情况是：

(1) 甲不缴纳。

(2) 乙缴纳契税税额＝1 000 000×3%＝30 000(元)。

(3) 丙缴纳契税税额＝120 000×3%＝3 600(元)。

【案例解说 2】

甲某是个人独资企业业主，2010 年 1 月将价值 60 万元的自有房产投入独资企业作为经营场所，3 月以 200 万元的价格购入一处房产；6 月将价值 200 万元的自有仓库与另一企业价值 160 万元的仓库互换，甲某收取差价 40 万元。契税税率为 4%。计算甲某以上交易应缴纳契税金额。

以自有房产作股投入本人独资经营的企业，免纳契税；房屋交换，其价值不相等的，按超出部分由支付差价方缴纳契税。

应缴纳契税＝200×4%＝8.00(万元)

【案例解说 3】

某企业 2012 年 3 月 1 日以协议方式取得一地块的土地使用权，支付土地出让金 3 000万元，拆迁补偿费 1 000 万元，5 月 20 日缴纳市政配套费 500 万元。当地契税税率为 4%。计算该企业应缴纳契税。

以协议方式出让的，契税计税价格为成交价格。成交价格包括土地出让金、土地补偿费、安置补助费、地上附着物和青苗补偿费、拆迁补偿费、市政建设配套设施费等承受者应支付的货币、实物、无形资产及其他经济利益。

应缴纳的契税＝(3 000＋1 000＋500)×4%＝180(万元)

三、减免税优惠

(一) 基本规定

(1) 国家机关、事业单位、社会团体、军事单位承受土地、房屋用于办公、教学、医疗、科研和军事设施的,免征契税。

用于办公,是指办公室(楼)以及其他直接用于办公的土地、房屋。

用于教学,是指教室(教学楼)以及其他直接用于教学的土地、房屋。

用于医疗,是指门诊部以及其他直接用于医疗的土地、房屋。

用于科研,是指科学试验的场所以及其他直接用于科研的土地、房屋。

用于军事设施,是指:

① 地上和地下的军事指挥作战工程。

② 军用的机场、港口、码头。

③ 军用的库房、营区、训练场、试验场。

④ 军用的通信、导航、观测台站。

⑤ 其他直接用于军事设施的土地、房屋。

其他直接用于办公、教学、医疗、科研的以及其他直接用于军事设施的土地、房屋的具体范围,由省、自治区、直辖市人民政府确定。

(2) 城镇职工按规定第一次购买公有住房的,免征契税。城镇职工按规定第一次购买公有住房,是指经县以上人民政府批准,在国家规定标准面积以内购买的公有住房。城镇职工享受免征契税,仅限于第一次购买的公有住房。超过国家规定标准面积的部分,仍应按照规定缴纳契税。

(3) 因不可抗力丧失住房而重新购买住房的,酌情准予减征或者免征契税。不可抗力,是指自然灾害、战争等不能预见、不能避免并不能克服的客观情况。

(4) 土地、房屋被县级以上人民政府征用、占用后,重新承受土地、房屋权属的,由省级人民政府确定是否减免。

(5) 承受荒山、荒沟、荒丘、荒滩土地使用权,并用于农、林、牧、渔业生产的,免征契税。

(6) 依照我国有关法律规定以及我国缔结或参加的双边和多边条约或协定的规定应当予以免税的外国驻华使馆、领事馆、联合国驻华机构及其外交代表、领事官员和其他外交人员承受土地、房屋权属的,经外交部确认,可以免征契税。

(二) 其他减征、免征契税项目

(1) 对金融租赁公司开展售后回租业务,承受承租人房屋、土地权属的,照章征税。对售后回租合同期满,承租人回购原房屋、土地权属的,免征契税。

(2) 市、县级人民政府根据规定征收居民房屋，居民因个人房屋被征收而选择货币补偿用以重新购置房屋，并且购房成交价格不超过货币补偿的，对新购房屋免征契税；购房成交价格超过货币补偿的，对差价部分按规定征收契税。居民因个人房屋被征收而选择房屋产权调换，并且不缴纳房屋产权调换差价的，对新换房屋免征契税；缴纳房屋产权调换差价的，对差价部分按规定征收契税。

(3) 个体工商户的经营者将其个人名下的房屋、土地权属转移至个体工商户名下，或个体工商户将其名下的房屋、土地权属转回原经营者个人名下，免征契税(合伙企业的合伙人和合伙企业之间与之相同)。

(4) 对国家石油储备基地第一期项目建设过程中涉及的契税予以免征。

(5) 个人购买家庭唯一住房的普通住房、经济适用住房，在法定税率基础上减半征收。

(6) 在婚姻关系存续期间，房屋、土地权属原归夫妻一方所有，变更为夫妻双方共有或另一方所有的，或者房屋、土地权属原归夫妻双方共有，变更为其中一方所有的，或者房屋、土地权属原归夫妻双方共有，双方约定、变更共有份额的，免征契税。

(7) 公租房经管单位购买住房作为公租房的，免契税。经营管理单位回购经适房继续用于经适房房源免征契税。

(8) 对经营管理单位回购已分配的改造安置住房继续作为改造安置房源的，免征契税。

(9) 对经营性文化事业单位转制中资产评估增值、资产转让或划转涉及的契税，自2014年1月1日至2018年12月31日止，符合现行规定的享受相应税收优惠政策。

(10) 为支持鲁甸地震灾后恢复重建工作，自2014年8月3日起至2016年12月31日止，对受灾居民购买安居房，免征契税；对在地震中毁损的应缴而未缴契税的居民住房，不再征收契税。

(11) 对饮水工程运营管理单位为建设饮水工程而承受土地使用权，免征契税。

(12) 军建离退休干部住房及附属用房移交地方政府管理的免征契税。

(13) 土地使用权、房屋交换价格相等的免征契税，不相等的差额征收。

(14) 棚户区购买符合普通住房标准的改造安置住房减半征收契税。棚户区被征收房屋取得货币补偿用于购买安置住房免征契税。棚户区用改造房屋换取安置住房免征契税。

(15) 被撤销金融机构接收债务方土地使用权、房屋所有权免征契税。

(16) 农村信用社接收农村合作基金会的房屋、土地使用权免征契税。

(17) 自2017年1月1日起，对进行股份合作制改革后的农村集体经济组织承受原集体经济组织的土地、房屋权属，免征契税。

对农村集体经济组织以及代行集体经济组织职能的村民委员会、村民小组进行清产核资收回集体资产而承受土地、房屋权属，免征契税。

(18) 社会力量办学、用于教学承受的土地、房屋免征契税。

四、申报与缴纳

（一）纳税义务发生时间

契税的纳税义务发生时间是纳税人签订土地、房屋权属转移合同的当天，或者纳税人取得其他具有土地、房屋权属转移合同性质凭证的当天。

纳税人因改变土地、房屋用途应当补缴已经减征、免征契税的，其纳税义务发生时间为改变有关土地、房屋用途的当天。

（二）纳税期限

纳税人应当自纳税义务发生之日起10日内，向土地、房屋所在地的契税征收机关办理纳税申报，并在契税征收机关核定的期限内缴纳税款。

（三）纳税地点

土地、房屋所在地的征收机关缴纳。

（四）纳税申报

(1) 纳税人申报缴纳契税时，要填报总局统一制定的契税纳税申报表，并附送购房发票、房地产转让合同和有效身份证件复印件等。征收机关要对纳税申报表及有关附件资料的完整性、准确性进行审核。审核无误后，办理征缴手续，开具统一的契税完税证明。

(2) 根据人民法院、仲裁委员会的生效法律文书发生土地、房屋权属转移，纳税人不能取得销售不动产发票的，可持人民法院执行裁定书原件及相关材料办理契税纳税申报，税务机关应予受理。

购买新建商品房的纳税人在办理契税纳税申报时，由于销售新建商品房的房地产开发企业已办理注销税务登记或者被税务机关列为非正常户等原因，致使纳税人不能取得销售不动产发票的，税务机关在核实有关情况后应予受理。

(3) 纳税人在申请办理家庭唯一普通住房契税优惠时，无须提供原民政部门开具的(无)婚姻登记记录证明。税务机关在受理纳税人家庭唯一普通住房契税优惠申请时，应当做好纳税人家庭成员状况认定工作。如果纳税人为成年人，可以结合户口簿、结婚(离婚)证等信息判断其婚姻状况。无法做出判断的，可以要求其提供承诺书，就其申报的婚姻状况的真实性做出承诺。如果纳税人为未成年人，可结合户口簿等材料认定家庭成员状况。

五、契税热点知识专题

（一）企业事业单位改制重组的契税政策

1. 企业改制

企业按照《中华人民共和国公司法》有关规定整体改制，包括非公司制企业改制为有限责任公司或股份有限公司，有限责任公司变更为股份有限公司，股份有限公司变更为有限责任公司，原企业投资主体存续并在改制(变更)后的公司中所持股权(股份)比例超过75%，且改制（变更）后公司承继原企业权利、义务的，对改制（变更）后公司承受原企业土地、房屋权属，免征契税。

2. 事业单位改制

事业单位按照国家有关规定改制为企业，原投资主体存续并在改制后企业中出资（股权、股份）比例超过50%的，对改制后企业承受原事业单位土地、房屋权属，免征契税。

3. 公司合并

两个或两个以上的公司，依照法律规定、合同约定，合并为一个公司，且原投资主体存续的，对合并后公司承受原合并各方土地、房屋权属，免征契税。

4. 公司分立

公司依照法律规定、合同约定分立为两个或两个以上与原公司投资主体相同的公司，对分立后公司承受原公司土地、房屋权属，免征契税。

5. 企业破产

企业依照有关法律法规规定实施破产，债权人（包括破产企业职工）承受破产企业抵偿债务的土地、房屋权属，免征契税；对非债权人承受破产企业土地、房屋权属，凡按照《中华人民共和国劳动法》等国家有关法律法规政策妥善安置原企业全部职工规定，与原企业全部职工签订服务年限不少于3年的劳动用工合同的，对其承受所购企业土地、房屋权属，免征契税；与原企业超过30%的职工签订服务年限不少于3年的劳动用工合同的，减半征收契税。

6. 资产划转

对承受县级以上人民政府或国有资产管理部门按规定进行行政性调整、划转国有土地、房屋权属的单位，免征契税。

同一投资主体内部所属企业之间土地、房屋权属的划转，包括母公司与其全资子公司之间，同一公司所属全资子公司之间，同一自然人与其设立的个人独资企业、一人有限公司之间土地、房屋权属的划转，免征契税。

母公司以土地、房屋权属向其全资子公司增资，视同划转，免征契税。

7. 债权转股权

经国务院批准实施债权转股权的企业，对债权转股权后新设立的公司承受原企业的土地、房屋权属，免征契税。

8. 划拨用地出让或作价出资

以出让方式或国家作价出资（入股）方式承受原改制重组企业、事业单位划拨用地的，不属上述规定的免税范围，对承受方应按规定征收契税。

9. 公司股权（股份）转让

在股权（股份）转让中，单位、个人承受公司股权（股份），公司土地、房屋权属不发生转移，不征收契税。

10. 有关用语含义

上述条款所称企业、公司，是指依照我国有关法律法规设立并在中国境内注册的企业、公司。

投资主体存续，是指原企业、事业单位的出资人必须存在于改制重组后的企业，出资人的出资比例可以发生变动；投资主体相同，是指公司分立前后出资人不发生变动，出资人的出资比例可以发生变动。

上述政策自 2018 年 1 月 1 日起至 2020 年 12 月 31 日执行。本通知发布前，企业、事业单位改制重组过程中涉及的契税尚未处理的，符合本通知规定的可按本通知执行。

（二）房地产交易环节契税优惠政策

（1）对个人购买家庭唯一住房（家庭成员范围包括购房人、配偶以及未成年子女，下同），面积为 90 平方米及以下的，减按 1%的税率征收契税；面积为 90 平方米以上的，减按 1.5%的税率征收契税。

（2）除北京市、上海市、广州市、深圳市外的其他地区，对个人购买家庭第二套改善性住房，面积为 90 平方米及以下的，减按 1%的税率征收契税；面积为 90 平方米以上的，减按 2%的税率征收契税。

家庭第二套改善性住房是指已拥有一套住房的家庭，购买的家庭第二套住房。

（3）纳税人申请享受税收优惠的，根据纳税人的申请或授权，由购房所在地的房地产主管部门出具纳税人家庭住房情况书面查询结果，并将查询结果和相关住房信息及时传递给税务机关。暂不具备查询条件而不能提供家庭住房查询结果的，纳税人应向税务机关提交家庭住房实有套数书面诚信保证，诚信保证不实的，属于虚假纳税申报，按照《征管法》的有关规定处理，并将不诚信记录纳入个人征信系统。

（4）上述政策自 2016 年 2 月 22 日起执行。凡是于 2016 年 2 月 22 日及以后到税务机关申报缴纳房地产交易契税、符合《通知》规定税收优惠条件的，均可享受优惠税率。

第七节 印 花 税

对经济活动和经济交往中书立、领受、使用的应税经济凭证所征收的一种税。最早始于 1624 年的荷兰。印花税兼有凭证税和行为税性质，具有征税范围广泛，税率低、税负轻等特点，由纳税人自行完成纳税义务。

印花税票是缴纳印花税的完税凭证，由国家税务总局负责监制。其票面金额以人民币为单位，分为壹角、贰角、伍角、壹元、贰元、伍元、拾元、伍拾元、壹佰元 9 种。

一、征税对象及范围

凡在我国境内书立、领受、使用属于征税范围内所列凭证的单位和个人，都是印花税的纳税义务人。按照征税项目划分的具体纳税人有：

(1) 立合同人。书立各类经济合同的，以立合同人为纳税人，即合同的当事人。当事人在两方或两方以上的，各方均为纳税人。

(2) 立账簿人。建立营业账簿的，以立账簿人为纳税人。

(3) 立据人。如立据人未贴花或少贴花的，书据持有人负责补贴印花。所立书据以合同方式签订的，应由持有书据的各方分别按全额贴花。

(4) 领受人。权利、许可证照的纳税人是领受人。领受人，是指领取或接受并持有该项凭证的单位和个人。

(5) 使用人。在国外书立、领受，但在国内使用的应税凭证，其纳税人是使用人。

(6) 各类电子应税凭证的签订人。

【温馨提示】

对应税凭证，凡由两方或两方以上当事人共同书立的，其当事人各方都是纳税人。所谓当事人，是指对凭证有直接权利义务关系的单位和个人，不包括保人、证人、鉴定人。如果应税凭证是由当事人的代理人代为书立的，则由代理人代为承担纳税义务。

属于征税范围内所列凭证有以下几项。

(一) 经济合同

(1) 购销合同，包括供应、预购、采购、购销结合及协作、调剂、补偿、易货等合同。

它包括各出版单位与发行单位(不包括订阅单位和个人)之间订立的图书、报刊、音像征订凭证。

对纳税人以电子形式签订的各类应税凭证按规定征收印花税。

对发电厂与电网之间、电网与电网之间(国家电网公司系统、南方电网公司系统内部各级电网互供电量除外)签订的购售电合同按购销合同征收印花税。电网与用户之间签订的供用电合同不属于印花税列举征税的凭证，不征收印花税。

(2) 加工承揽合同，包括加工、定做、修缮、印刷、广告、测绘、测试等合同。

(3) 建设工程勘察设计合同，包括勘察、设计合同的总包合同、分包合同和转包合同。

(4) 建筑安装工程承包合同，包括建筑、安装工程承包合同的总包合同、分包合同和转包合同。

(5) 财产租赁合同，包括企业、个人出租门店、柜台所签订的合同，不包括企业与主管部门签订的租赁承包合同。

(6) 货物运输合同,包括民用航空、铁路运输、海上运输、内河运输、公路运输和联运合同。

(7) 仓储保管合同,包括仓储、保管合同,以及作为合同使用的仓单、栈单(或称入库单)。对某些使用不规范的凭证不便计税的,可就其结算单据作为计税贴花的凭证。

(8) 借款合同,包括银行及其他金融组织和借款人(不包括银行同业拆借)所签订的借款合同。

(9) 财产保险合同,包括财产、责任、保证、信用保险合同。

(10) 技术合同,包括技术开发、转让、咨询、服务等合同。

技术转让合同包括专利申请转让、非专利技术转让所书立的合同,但不包括专利权转让、专利实施许可所书立的合同。后者适用于产权转移书据合同。

一般的法律、会计、审计等方面的咨询不属于技术咨询,其所书立合同不贴印花。

技术服务合同包括技术服务合同、技术培训合同和技术中介合同。

(二) 产权转移书据

(1) 产权转移书据是指单位和个人产权的买卖、继承、赠与、交换、分割等所立的书据。

(2) 产权转移书据包括财产所有权(含股份制企业向社会公开发行的股票)、版权、商标专用权、专利权(含专利实施许可)、专有技术使用权共5项产权的转移书据。财产所有权转移所书立的书据,包括股份制企业向社会公开发行的股票,因购买、继承、赠与所书立的产权转移书据。

(3) 土地使用权出让合同、土地使用权转让合同、商品房销售合同按照产权转移书据征收印花税。

(三) 营业账簿

1. 资金账簿

资金账簿是反映生产经营单位"实收资本"和"资本公积"金额增减变化的账簿。

2. 其他营业账簿

其他营业账簿是除资金账簿以外的,归属于财务会计体系的生产经营用账册。具体包括日记账和各明细分类账簿。

3. "营业账簿"征免范围

(1) 其他营业账簿包括日记账簿和各明细分类账簿。

(2) 对采用一级核算形式的单位,只就财会部门设置的账簿贴花;采用分级核算形式的,除财会部门的账簿应贴花之外,财会部门设置在其他部门和车间的明细分类账,亦应按规定贴花。

(3) 车间、门市部、仓库设置的不属于会计核算范围或虽属会计核算范围,但不记载金额的登记簿、统计簿、台账等,不贴印花。

(4) 对有经营收入的事业单位，凡属由国家财政部门拨付事业经费，实行差额预算管理的单位，其记载经营业务的账簿，按其他账簿定额贴花，不记载经营业务的账簿不贴花；凡属经费来源实行自收自支的单位，对其营业账簿，应就记载资金的账簿和其他账簿分别按规定贴花。

(5) 跨地区经营的分支机构使用的营业账簿，应由各分支机构在其所在地缴纳印花税。

(6) 企业债权转股权新增加的资金按规定贴花。

(7) 企业改制中经评估增加的资金按规定贴花。

(四) 权利、许可证照

它包括政府部门发给的房屋产权证、工商营业执照、商标注册证、专利证、土地使用证等。

(五) 经财政部门确定征税的其他凭证

(1) 各类凭证不论以何种形式或名称书立，只要其性质属于条例中列举征税范围内的凭证，均应照章征税。

(2) 应税凭证均是指在中国境内具有法律效力，受中国法律保护的凭证。

(3) 适用于中国境内并在中国境内具备法律效力的应税凭证，无论在中国境内或者境外书立，均应依照印花税的规定贴花。

二、税率

印花税税率分比例税率和定额税率两类。除权利、许可证照及营业账簿中的其他账簿使用定额税率(按件贴花5元)之外，其他征税项目使用比例税率。最高税率为千分之一，最低税率为万分之零点五(借款合同)。最高税率是最低税率的20倍。

(一) 比例税率

印花税比例税率如表3-9所示。

表3-9　印花税比例税率

税　目	税率或税额
购销合同	0.3‰
加工承揽合同	0.5‰
建设工程勘察设计合同	0.5‰
建筑安装工程承包合同	0.3‰
财产租赁合同	1‰
货物运输合同	0.5‰
仓储保管合同	1‰
借款合同	0.05‰

（续表）

税 目	税率或税额
财产保险合同	1‰
技术合同	0.3‰
产权转移书据	0.5‰
营业账簿中记载资金的账簿	0.5‰
证券（股票）交易股权转让书据 A、B股	1‰

（二）定额税率

印花税定额税率如表 3-10 所示。

表 3-10　印花税定额税率

营业账簿中的其他账簿	按件贴花 5 元
权利许可证照	按件贴花 5 元

【延展阐述】

（1）证券交易印花税单边 1‰征收。

（2）在上交所、深交所、全国中小企业股份转让系统买卖、继承、赠与优先股所书立的股权转让书据由出让方按实际成交额按 1‰征收。

（3）香港投资者通过沪港通买卖、继承、赠与上交所上市 A 股，按内地现行税制规定缴纳印花税，内地投资者通过沪港通买卖、继承、赠与联交所股票按香港规定缴纳印花税。

三、应纳税额的计算

（一）计税依据

1. 购销合同

（1）计税依据为购销金额，不得作任何扣除；特别是调剂合同和易货合同，包括调剂、易货的全额。

（2）合同未列明金额的，应按合同所载购、销数量，依照国家牌价或者市场价格计算应纳税额。

【案例解说】

签订钢材采购合同一份，采购金额 8 000 万元；签订以货换货合同一份，用库存的 3 000 万元 A 型钢材换取对方相同金额的 B 型钢材；签订销售合同一份，销售金额 15 000 万元。

应缴纳的印花税＝（8 000＋3 000×2＋15 000）×0.3‰×10 000＝87 000（元）

2. 加工承揽合同

计税依据为加工或承揽收入的金额。

受托方提供原材料：

(1) 凡在合同中分别记载加工费金额和原材料金额的，应分别按“加工承揽合同”“购销合同”计税。

(2) 若合同中未分别记载，则应就全部金额依照加工承揽合同计税贴花。

委托方提供主要材料或原料，受托方只提供辅助材料：

无论加工费和辅助材料金额是否分别记载，均以辅助材料与加工费的合计数，依照加工承揽合同计税贴花。对委托方提供的主要材料或原料金额不计税贴花。

【案例解说】

公司作为受托方签订甲、乙两份加工承揽合同，甲合同约定：由委托方提供主要材料（金额300万元），受托方只提供辅助材料（金额20万元），受托方另收取加工费50万元；乙合同约定：由受托方提供主要材料（金额200万元）并收取加工费40万元。

应缴纳的印花税=(50+20)×0.5‰+200×0.3‰+40×0.5‰=0.115(万元)=1 150(元)

3. 建设工程勘察设计合同

计税依据为勘察、设计收取的费用。

4. 建筑安装工程承包合同

计税依据为承包金额，不得剔除任何费用。如果施工单位将自己承包的建筑项目再分包或转包给其他施工单位，其所签订的分包或转包合同，仍应按所载金额另行贴花。

5. 财产租赁合同

计税依据为租赁金额（即租金收入）。

6. 仓储保管合同

计税依据为仓储保管的费用（即保管费收入）。

7. 财产保险合同

计税依据为支付（收取）的保险费金额，不包括所保财产的金额。

8. 货物运输合同

计税依据为取得的运输费金额（即运费收入），不包括所运货物的金额、装卸费和保险费等。

【案例解说】

某交通运输企业与某客户签订货物运输合同，合同载明货物价值1 000万元，运输费用75万元（含装卸费5万元，货物保险费20万元）

应缴纳的印花税=(75−5−20)×0.5‰=0.025(万元)=250(元)

9. 借款合同

计税依据为借款金额。

(1) 一项信贷业务既签订借款合同又一次或分次填开借据的，只以借款合同所载金额计税贴花；凡是只填开借据并作为合同使用的，应以借据所载金额计税贴花。

(2) 流动资金周转性借款合同以其规定的最高额为计税依据，在签订时贴花一次，在限额内随借随还不签订新合同的，不再另贴印花。

(3) 基本建设贷款中，按年度用款计划分年签订借款合同，在最后一年按总概算签订借款总合同，且总合同的借款金额包括各个分合同的借款金额的，应按分合同分别贴花，最后签订的总合同，借款总额扣除分合同借款金额后的余额计税贴花。

(4) 在贷款业务中，如果贷方系由若干银行组成的银团，银团各方均承担一定的贷款数额。借款合同由借款方与银团各方共同书立，各执一份合同正本。对这类合同借款方与贷款银团各方应分别在所执的合同正本上，按各自的借款金额计税贴花。

(5) 银行及其他金融组织的融资租赁业务签订的融资租赁合同，应按合同所载租金总额，暂按借款合同计税。

(6) 对借款方以财产作抵押，从贷款方取得一定数量抵押贷款的合同，应按借款合同贴花；在借款方因无力偿还借款而将抵押财产转移给贷款方时，应再就双方书立的产权书据，按产权转移书据的有关规定计税贴花。

10. 技术合同

计税依据为合同所载的价款、报酬或使用费。技术开发合同，只就合同所载的报酬金额计税，研究开发经费不作为计税依据。

11. 产权转移书据

以书据中所载的金额为计税依据。

12. 记载资金的营业账簿

以实收资本和资本公积的两项合计金额为计税依据。凡"资金账簿"在次年度的实收资本和资本公积未增加的，对其不再计算贴花。

13. 有些合同在签订时无法确定计税金额，对于这类合同，可在签订时先按定额5元贴花，以后结算时再按实际金额计税，补贴印花。

【案例解说】

2017年1月，甲企业向某公司出租闲置仓库，签订出租合同中注明的租金每月6万元，租期未定；接受某公司委托加工一批产品，签订的加工承揽合同中注明原材料由甲企业提供，金额为300万元，另外收取加工费30万元；签订的运输合同中注明运费3万元(包括装卸费1万元)、保管费10 000元。计算该企业2016年1月应缴纳的印花税。

$$应纳印花税=5+300\times0.03\%\times10\,000+30\times0.05\%\times10\,000$$
$$+(3-1)\times0.05\%\times10\,000+10\,000\times0.1\%=1\,075(元)$$

（二）具体规定

（1）按金额比例贴花的应税凭证，未标明金额的，按凭证所载数量及市场价格计算金额，依适用税率贴足印花。

（2）应税凭证所载金额为外国货币的，按凭证书立当日的国家外汇管理局公布的外汇牌价折合人民币，计算应纳税额。

（3）同一凭证因载有两个或两个以上经济事项而适用不同税率，如分别载有金额的，应分别计算应纳税额，相加后按合计税额贴花；如未分别记载金额的，按税率高的计税贴花。

（4）已贴花的凭证，修改后所载金额增加的，其增加部分应当补贴印花税票。

（5）按比例税率计算纳税而应纳税额又不足 1 角的，免纳印花税；应纳税额在 1 角以上的，其税额尾数不满 5 分的不计，满 5 分的按 1 角计算贴花。对财产租赁合同的应纳税额超过 1 角但不足 1 元的，按 1 元贴花。

四、减免税优惠

（一）基本优惠

（1）已纳印花税的凭证的副本或抄本；但以副本或抄本作为正本使用的，另贴印花。

（2）财产所有人将财产赠给政府、社会福利单位、学校所立的书据。

（3）国家指定的收购部门与村民委员会、农民个人书立的农业产品收购合同。

（4）无息、贴息贷款合同。

（5）外国政府或者国际金融组织向我国政府及国家金融机构提供优惠贷款所书立的合同。

（二）其他优惠

（1）房地产管理部门与个人订立的租房合同，凡房屋用于生活居住的，暂免贴花。

（2）对公共租赁住房经营管理单位免征建设、管理公共租赁住房涉及的印花税。在其他住房项目中配套建设公共租赁住房，依据政府部门出具的相关材料，按公共租赁住房建筑面积占总建筑面积的比例免征建设、管理公共租赁住房涉及的印花税。

（3）对公共租赁住房经营管理单位购买住房作为公共租赁住房，免征契税、印花税；对公共租赁住房租赁双方免征签订租赁协议涉及的印花税。

（4）对改造安置住房经营管理单位、开发商与改造安置住房相关的印花税以及购买安置住房的个人涉及的印花税予以免征。

（5）对与高校学生签订的高校学生公寓租赁合同，免征印花税。

（6）对经国务院和省级人民政府决定或批准进行的国有（含国有控股）企业改组改制而发生的上市公司国有股权无偿转让行为，暂不征收证券（股票）交易印花税。对不属于上述情况的上市公司国有股权无偿转让行为，仍应收证券(股票)交易印花税。

(7) 经县级以上人民政府及企业主管部门批准改制的企业改制前签订但尚未履行完的各类应税合同，改制后需要变更执行主体的，对仅改变执行主体，其余条款未作变动且改制前已贴花的，不再贴花。

(8) 经县级以上人民政府及企业主管部门批准改制的企业因改制签订的产权转移书据免予贴花。

(9) 投资者买卖封闭式证券投资基金免征印花税。

(10) 证券投资者保护基金有限责任公司发生的凭证和产权转移书据享受印花税的优惠政策：

① 新设立的资金账簿免征印花税。

② 与中国人民银行签订的再贷款合同、与证券公司行政清算机构签订的借款合同，免征印花税。

③ 接收被处置证券公司财产签订的产权转移书据，免征印花税。

④ 以保护基金自有财产和接收的受偿资产与保险公司签订的财产保险合同，免征印花税。

与保护基金有限责任公司签订的上述应税合同或产权转移书据，只是对保护基金有限责任公司免征印花税，而对其他的当事人应该照章征收印花税。

(11) 自2018年1月1日至2020年12月31日，对金融机构与小型、微型企业签订的借款合同免征印花税。

(12) 军事物资运输、抢险救灾物资运输，以及新建铁路临管线运输等的特殊货运凭证。

(13) 对国家石油储备第一期项目建设过程中涉及的印花税予以免征。对国家石油储备基地第二期项目建设过程中应缴的印花税，予以免征。

(14) 对商品储备管理公司及其直属库资金账簿免征印花税；对其承担商品储备业务过程中书立的购销合同免征印花税，对合同其他各方当事人应缴纳的印花税照章征收。

(15) 对国家邮政局及所属各级邮政企业，从1999年1月1日起独立运营新设立的资金账簿，凡属在邮电管理局分营前已贴花的资金免征印花税，1999年1月1日以后增加的资金按规定贴花。

(16) 自2014年1月1日起至2018年12月31日止，暂免征收飞机租赁企业购机环节购销合同印花税。

(17) 对经营性文化事业单位转制中资产评估增值、资产转让或划转涉及的印花税，自2014年1月1日至2018年12月31日止，符合现行规定的享受相应税收优惠政策。

(18) 对开展融资租赁业务签订的融资租赁合同(含融资性售后回租),统一按照其所载明的租金总额依照"借款合同"税目,按万分之零点五的税率计税贴花。

(19) 在融资性售后回租业务中,对承租人、出租人因出售租赁资产及购回租赁资产所签订的合同,不征收印花税。

(20) 自 2016 年 1 月 1 日至 2018 年 12 月 31 日,对饮水工程运营管理单位为建设饮水工程取得土地使用权而签订的产权转移书据,以及与施工单位签订的建设工程承包合同免征印花税。

(21) 自 2017 年 1 月 1 日起,对因农村集体经济组织以及代行集体经济组织职能的村民委员会、村民小组进行清产核资收回集体资产而签订的产权转移书据,免征印花税。

(22) 对个人销售或购买住房暂免征收印花税。免征个人出租承租住房签订的租赁合同印花税。

(23) 从 2018 年 5 月 1 日起,将对纳税人设立的资金账簿按实收资本和资本公积合计金额征收的印花税减半,对按件征收的其他账簿免征印花税。

(24) 对开发商建造廉租房和经济适用住房有关印花税予以免征。

(25) 免征个人出租承租住房签订的租赁合同印花税。

(26) 被撤销金融机构接收债权、清偿债务签订的产权转移书据免征印花税。

(27) 对北京冬奥组委、北京冬奥会测试赛赛事组委会使用的营业账簿和签订的各类合同免征印花税。对国际奥委会签订的与北京 2022 年冬奥会有关的各类合同,免征国际奥委会的印花税。对中国奥委会签订的与北京 2022 年冬奥会有关的各类合同,免征中国奥委会的印花税。对国际残奥委会取得的与北京 2022 年冬残奥会有关的收入免征印花税。对中国残奥委会取得的由北京冬奥组委分期支付的收入免征印花税。对财产所有人将财产捐赠给北京冬奥组委所书立的产权转移书据免征印花税。

五、申报与缴纳

(一) 纳税义务发生时间

印花税应当在书立或领受时贴花。具体是指,在合同签订时、账簿启用时和证照领受时贴花。如果合同是在国外签订,并且不便在国外贴花的,应在将合同带入境时办理贴花纳税手续。

(二) 缴纳方式

(1) 应税凭证贴花纳税。即由纳税人在应税凭证上一次性贴足印花税票缴纳。粘贴在应纳税凭证上的印花税票,要在每枚税票的骑缝处盖戳注销或者画销。粘贴使用印花税票纳税的,已贴用的印花税票不得重用。

(2) 大额税额开票征收。纳税人印花税应纳税额较大的,可向税务机关提出申请,可以单笔开具缴款书缴纳。以缴款书或完税证代替贴花的方法，一份凭证应纳税额超过500元。

(3) 频繁业务汇总申报。同一种类应纳税凭证，需频繁贴花的，纳税人可以根据实际情况自行决定是否采用按期汇总缴纳印花税的方式。同一类凭证频繁贴花的，最长不超过一个月。缴纳方式一经选定，1年内不得变更。

(4) 难以据实依法核定。纳税人不能据实计算缴纳印花税，税务机关可以根据《征管法》及相关规定核定纳税人应纳税额。

(三) 纳税期限

(1) 一般凭证即时贴花。采取粘贴印花税票方式缴纳的，纳税申报期限为应纳税凭证书立或者领受的当期。《中华人民共和国印花税暂行条例》规定，应纳税凭证应当于书立或者领受时贴花。不同的应纳税凭证，其书立或者领受的时间也各不相同。对于合同来说，其合同各方签字生效时间，即为合同书立时间。“产权转移书据”，采取贴花方式缴纳的，其印花税的纳税期限为签订日期；对于应税证照来说，以纳税人从有权机关领受证照的时间，即为领受时间；对于账簿凭证来说，一般是年初启用新账簿的时间为书立时间。简单地说，就是账簿凭证印花税以年为申报纳税期限，其他凭证、证照，以次为申报纳税期限。对于按次的，其纳税时间应为书立或领受的当日；以年为申报纳税期限的，纳税人应在次年设立新账簿的当日贴足印花税票并划销。

(2) 资金账簿按年计缴。实行注册资本认缴制后，资金账簿印花税计税依据是实缴资本还是认缴资本一直存在争议。《中华人民共和国印花税暂行条例实施细则》规定：记载资金的账簿按固定资产原值和自有流动资金总额贴花后，以后年度资金总额比已贴花资金总额增加的，增加部分应按规定贴花。《国家税务总局关于资金账簿印花税问题的通知》(国税发〔1994〕25号)规定，“记载资金的账簿”的印花税计税依据改为“实收资本”与“资本公积”两项的合计金额。企业执行“两则”启用新账簿后，其“实收资本”和“资本公积”两项的合计金额大于原已贴花资金的，就增加的部分补贴印花。

(3) 汇总缴纳按月申报。参考核定征收印花税的申报纳税期限，纳税人应在汇总申报缴纳月份的次月15日内申报。

(4) 国外合同使用贴花。如果合同在国外签订的，应在国内使用时贴花。

(5) 核定征收按月(季)申报。实行核定征收印花税的，纳税期限为一个月，税额较小的，纳税期限可为一个季度，具体由主管税务机关确定。

(四) 纳税地点

印花税一般实行就地纳税。

根据《关于订货会所签合同印花税缴纳地点问题的通知》(国税函发〔1991〕1187号)的规定，在全国性商品物资订货会(包括展销会、交易会等)上所签合同应当缴纳的印花税，由纳税人回其所在地后及时办理贴花完税手续。

第八节 车 船 税

车船税是依照法律规定、对在我国境内的车辆、船舶的所有人或管理人，按照规定的税目、计税单位和年税额征收的一种税。所有人是指在我国境内拥有车船的单位和个人；管理人是指对车船具有管理权或者使用权，不具有所有权的单位。上述单位，包括在中国境内成立的行政机关、企业、事业单位、社会团体以及其他组织；上述个人，包括个体工商户以及其他个人。

一、征税对象及范围

车船税法规定的征税范围是税法所附《车船税税目税额表》所列的车辆、船舶，包括依法应当在车船登记管理部门登记的机动车辆和船舶，也包括依法不需要在车船登记管理部门登记的在单位内部场所行驶或者作业的机动车辆和船舶。

【温馨提示】

拖拉机、纯电动乘用车、燃料电池乘用车、非机动车船（不包括非机动驳船）、临时入境的外国车船和香港特别行政区、澳门特别行政区、台湾地区的车船，不征收车船税。

境内单位和个人租入外国籍船舶的，不征收车船税。境内单位和个人将船舶出租到境外的，应依法征收车船税。

二、税目和税额

（一）车辆的税目、税额

车船税法《车船税税目税额表》规定的车辆税额幅度有以下内容。

1. 乘用车

按照排气量区间划分为7个档次，每辆每年税额为：

（1）1.0升（含）以下的，税额为60元至360元。

（2）1.0升以上至1.6升（含）的，税额为300元至540元。

（3）1.6升以上至2.0升（含）的，税额为360元至660元。

（4）2.0升以上至2.5升（含）的，税额为660元至1 200元。

（5）2.5升以上至3.0升（含）的，税额为1 200元至2 400元。

(6) 3.0升以上至4.0升(含)的,税额为2 400元至3 600元。

(7) 4.0升以上的,税额为3 600元至5 400元。

2. 商用车

划分为客车和货车。其中,客车(核定载客人数9人以上,包括电车)每辆每年税额为480元至1 440元;货车(包括半挂牵引车、三轮汽车和低速载货汽车等)按整备质量每吨每年税额为16元至120元。

3. 挂车

按相同整备质量的货车税额的50%计算应纳税额。

4. 其他车辆

包括专用作业车和轮式专用机械车,按整备质量每吨每年税额为16元至120元。

5. 摩托车

每辆每年税额为36元至180元。

车辆的具体适用税额由省、自治区、直辖市人民政府依照《车船税税目税额表》规定的税额幅度和国务院的规定确定。

(二) 船舶的税目、税额

(1) 机动船舶具体适用税额为:

① 净吨位不超过200吨的,每吨3元。

② 净吨位超过200吨但不超过2 000吨的,每吨4元。

③ 净吨位超过2 000吨但不超过10 000吨的,每吨5元。

④ 净吨位超过10 000吨的,每吨6元。

拖船按照发动机功率每1千瓦折合净吨位0.67吨计算征收车船税。拖船、非机动驳船分别按照机动船舶税额的50%计算。

(2) 游艇具体适用税额为:

① 艇身长度不超过10米的,每米600元。

② 艇身长度超过10米但不超过18米的,每米900元。

③ 艇身长度超过18米但不超过30米的,每米1 300元。

④ 艇身长度超过30米的,每米2 000元。

⑤ 辅助动力帆艇,每米600元。

【延展阅述】

车船税法所附《车船税税目税额表》中车辆、船舶的含义如下:

乘用车,是指在设计和技术特性上主要用于载运乘客及随身行李,核定载客人数包括驾驶员在内不超过9人的汽车。

商用车，是指除乘用车外，在设计和技术特性上用于载运乘客、货物的汽车，划分为客车和货车。客货两用车，又称多用途货车，是指在设计和结构上主要用于载运货物，但在驾驶员座椅后带有固定或折叠式座椅，可运载3人以上乘客的货车。客货两用车依照货车的计税单位和年基准税额计征车船税。

半挂牵引车，是指装备有特殊装置用于牵引半挂车的商用车。

三轮汽车，是指最高设计车速不超过每小时50公里，具有三个车轮的货车。

低速载货汽车，是指以柴油机为动力，最高设计车速不超过每小时70公里，具有四个车轮的货车。

挂车，是指就其设计和技术特性需由汽车或者拖拉机牵引，才能正常使用的一种无动力的道路车辆。

专用作业车，是指在对于在设计和技术特性上用于特殊工作，并装置有专用设备或器具的汽车，如汽车起重机、消防车、混凝土泵车、清障车、高空作业车、洒水车、扫路车等。以载运人员或货物为主要目的的专用汽车，如救护车，不属于专用作业车。

轮式专用机械车，是指有特殊结构和专门功能，装有橡胶车轮可以自行行驶，最高设计车速大于每小时20公里的轮式工程机械车。

拖拉机不需要缴纳车船税。

摩托车，是指无论采用何种驱动方式，最高设计车速大于每小时50公里，或者使用内燃机，其排量大于50毫升的两轮或者三轮车辆。

船舶，是指各类机动、非机动船舶以及其他水上移动装置，但是船舶上装备的救生艇筏和长度小于5米的艇筏除外。其中，机动船舶是指用机器推进的船舶；拖船是指专门用于拖（推）动运输船舶的专业作业船舶；非机动驳船，是指在船舶登记管理部门登记为驳船的非机动船舶；游艇是指具备内置机械推进动力装置，长度在90米以下，主要用于游览观光、休闲娱乐、水上体育运动等活动，并应当具有船舶检验证书和适航证书的船舶。

三、应纳税额的计算

（一）计税依据

车船税的计税依据包括排气量、整备质量、核定载客人数、净吨位、千瓦、艇身长度等。

排气量、整备质量、核定载客人数、净吨位、千瓦、艇身长度，以车船登记管理部门核发的车船登记证书或者行驶证相应项目所载数据为准。

依法不需要办理登记、依法应当登记而未办理登记或者不能提供车船登记证书、行驶证的车船，以车船出厂合格证明或者进口凭证标注的技术参数、数据为准；不能提供车船出厂合格证明或者进口凭证的，由主管税务机关参照国家相关标准核定，没有国家相关标准的参照同类车船核定。

（二）计算公式

应纳税额＝年应纳税额×应纳税月份数÷12

应纳税月份数＝12－纳税义务发生时间（取月份）＋1

（三）具体规定

（1）车船税法及其实施条例涉及的整备质量、净吨位、艇身长度等计税单位，有尾数的一律按照含尾数的计税单位据实计算车船税应纳税额。计算得出的应纳税额小数点后超过两位的可四舍五入保留两位小数。

（2）已经缴纳车船税的车船，因质量原因，车船被退回生产企业或者经销商的，纳税人可以向纳税所在地的主管税务机关申请退还自退货月份起至该纳税年度终了期间的税款。退货月份以退货发票所载日期的当月为准。

（3）在一个纳税年度内，已完税的车船被盗抢、报废、灭失的，纳税人可以凭有关管理机关出具的证明和完税凭证，向纳税所在地的主管税务机关申请退还自被盗抢、报废、灭失月份起至该纳税年度终了期间的税款。已办理退税的被盗抢车船失而复得的，纳税人应当从公安机关出具相关证明的当月起计算缴纳车船税。

（4）已缴纳车船税的车船在同一纳税年度内办理转让过户的，不另纳税，也不退税。

【案例解说】

某企业2016年1月缴纳了5辆客车车船税，其中一辆9月被盗，已办理车船税退还手续；11月由公安机关找回并出具证明，企业补缴车船税，假定该类型客车年基准税额为480元，计算该企业2016年实缴的车船税。

已办理退税的被盗抢车船，失而复得的，纳税人应当从公安机关出具相关证明的当月起计算缴纳车船税。实缴的车船税＝4×480＋480÷12×10＝2 320（元）。

四、减免税优惠

（1）下列车船减免车船税：

① 捕捞、养殖渔船。

② 军队、武装警察部队专用的车船。

③ 警用车船。

④ 依照法律规定应当予以免税的外国驻华使领馆、国际组织驻华代表机构及其有关人员的车船。

（2）对节约能源减半征收车船税，对使用新能源的车船免征车船税。

(3) 对受地震、洪涝等严重自然灾害影响纳税困难以及其他特殊原因确需减免税的车船,可以在一定期限内减征或者免征车船税。具体减免期限和数额由省、自治区、直辖市人民政府确定,报国务院备案。

(4) 省、自治区、直辖市人民政府根据当地实际情况,可以对公共交通车船,农村居民拥有并主要在农村地区使用的摩托车、三轮汽车和低速载货汽车定期减征或者免征车船税。

(5) 对北京冬奥组委、北京冬奥会测试赛赛事组委会免征车船税。

五、申报与缴纳

(一) 纳税义务发生时间

纳税义务发生时间为取得车船所有权或者管理权的当月,以购买船舶的发票或者其他证明文件所载日期的当月为准。

对于在国内购买的机动车,购买日期以《机动车销售统一发票》所载日期为准;对于进口机动车,购买日期以《海关关税专用缴款书》所载日期为准。

(二) 纳税期限

车船税按年申报缴纳。纳税年度为公历 1 月 1 日至 12 月 31 日。具体申报纳税期限由省、自治区、直辖市人民政府规定。

(三) 纳税地点

车船税的纳税地点为车船的登记地或者车船税扣缴义务人所在地。依法不需要办理登记的车船,车船税的纳税地点为车船的所有人或者管理人所在地。

(四) 代收代缴和委托代征

1. 保险机构代收代缴

从事机动车第三者责任强制保险业务的保险机构为机动车车船税的扣缴义务人,应当在收取保险费时依法代收车船税,在机动车交通事故责任强制保险的保险单以及保费发票上注明已收税款的信息,作为代收税款凭证。

已完税或者依法减免税的车辆,纳税人应当向扣缴义务人提供登记地的主管税务机关出具的完税凭证或者减免税证明。

纳税人没有按照规定期限缴纳车船税的,扣缴义务人在代收代缴税款时,可以一并代收代缴欠缴税款的滞纳金。

扣缴义务人已代收代缴车船税的,纳税人不再向车辆登记地的主管税务机关申报缴纳车船税。没有扣缴义务人的,纳税人应当向主管税务机关自行申报缴纳车船税。

2. 委托交通运输海事管理机构代为征收船舶车船税

在交通运输部直属海事管理机构(以下简称海事管理机构)登记的应税船舶,其车船税由船籍港所在地的税务机关委托当地海事管理机构代征。

第九节　烟　叶　税

烟叶税是对我国境内收购烟叶的行为、以收购金额为征税依据而征收的一种税。2017 年 12 月 27 日第十二届全国人民代表大会常务委员会第三十一次会议通过《中华人民共和国烟叶税法》，自 2018 年 7 月 1 日起施行。2006 年 4 月 28 日国务院公布的《中华人民共和国烟叶税暂行条例》同时废止。

一、征税范围

中华人民共和国境内，依照《中华人民共和国烟草专卖法》的规定收购烟叶的单位为烟叶税的纳税人。纳税人应当依照本法规定缴纳烟叶税。

烟叶是指晾晒烟叶、烤烟叶。

二、应纳税额的计算

(一) 计税依据

烟叶税的计税依据为纳税人收购烟叶实际支付的价款总额。

(二) 税率

烟叶税的税率为 20%。

(三) 计算公式

烟叶税的应纳税额按照纳税人收购烟叶实际支付的价款总额乘以税率计算。

烟叶收购金额＝收购价款×(1＋10%)，10%为价外补贴

应纳烟叶税税额＝烟叶收购金额×20%＝烟叶收购价款×1.1×20%

【案例解说】

某烟厂收购烟叶，支付给烟叶销售者价款 600 万元，开具烟叶收购发票，计算该烟厂应纳烟叶税。

烟叶税＝600×(1＋10%)×20%＝132(万元)

三、申报与缴纳

烟叶税由税务机关依照本法和《征管法》的有关规定征收管理。

(一) 纳税义务发生时间

烟叶税的纳税义务发生时间为纳税人收购烟叶的当日。

(二) 纳税地点及征收机关

纳税人应当向烟叶收购地的主管税务机关申报缴纳烟叶税。

(三) 纳税期限

烟叶税按月计征,纳税人应当于纳税义务发生月终了之日起15日内申报并缴纳税款。

第十节 环境保护税

环境保护税是对在中华人民共和国领域和中华人民共和国管辖的其他海域,直接向环境排放应税污染物的企业事业单位和其他生产经营者征收的一种税。十八届三中全会通过的《中共中央关于全面深化改革若干重大问题的决定》明确提出"推动环境保护费改税"。为落实决定精神,构建绿色税制体系,强化税收调控作用,提高全社会环保意识,推进生态文明建设和绿色发展,环境保护税立法进程加快,经全国人大常委会两次审议,《中华人民共和国环境保护税法》(以下简称《环境保护税法》)于2016年12月25日通过,自2018年1月1日起实施。国务院相应制定了实施条例并于2017年12月25日公布,与环境保护税法同步实施。环境保护税立法有利于解决排污费制度存在的执法刚性不足等问题,有利于提高纳税人环保意识和强化企业治污减排责任。

【延展阐述】

中华人民共和国管辖的其他海域包括中华人民共和国内水、领海、毗连区、专属经济区、大陆架以及中华人民共和国管辖的其他海域。

一、征税范围

《环境保护税法》规定对四大类污染物征税:大气污染物、水污染物、固体废物和噪声。我国暂未对煤、石油、天然气等产生二氧化碳排放的化石燃料征税。同时,《环境保护税税目税额表》中仅将工业噪声列为征税对象,而将建筑噪声排除在外。

(1) 有下列情形之一的,不属于直接向环境排放污染物,不缴纳相应污染物的环境保护税:

① 企业事业单位和其他生产经营者向依法设立的污水集中处理、生活垃圾集中处理场所排放应税污染物的。

② 企业事业单位和其他生产经营者在符合国家和地方环境保护标准的设施、场所贮存或者处置固体废物的。

③ 依法对畜禽养殖废弃物进行综合利用和无害化处理的。

【温馨提示】

城乡污水集中处理场所，是指为社会公众提供生活污水处理服务的场所，不包括为工业园区、开发区等工业聚集区域内的企业事业单位和其他生产经营者提供污水处理服务的场所，以及企业事业单位和其他生产经营者自建自用的污水处理场所。

（2）有下列情形之一的，应当缴纳相应污染物的环境保护税：

① 依法设立的城乡污水集中处理、生活垃圾集中处理场所超过国家和地方规定的排放标准向环境排放应税污染物的，应当缴纳环境保护税。

② 企业事业单位和其他生产经营者贮存或者处置固体废物不符合国家和地方环境保护标准的，应当缴纳环境保护税。

③ 达到省级人民政府确定的规模标准并且有污染物排放口的畜禽养殖场，应当依法缴纳环境保护税。

二、税目、税额

应税大气污染物和水污染物的具体适用税额的确定和调整，由省、自治区、直辖市人民政府统筹考虑本地区环境承载能力、污染物排放现状和经济社会生态发展目标要求，在该法所附《环境保护税税目税额表》（见表 3-11）规定的税额幅度内提出，报同级人民代表大会常务委员会决定，并报全国人民代表大会常务委员会和国务院备案。

海洋工程环境保护税的具体适用税额按照负责征收环境保护税的海洋石油税务（收）管理分局所在地适用的税额标准执行。海洋工程中生活垃圾按照环境保护税法“其他固体废物”税额标准执行。

表 3-11　环境保护税税目税额表

税目		计税单位	税额	备注
大气污染物		每污染当量	1.2 元至 12 元	
水污染物		每污染数量	1.4 元至 14 元	
固体废物	煤矸石	每吨	5 元	
	尾矿	每吨	15 元	
	危险废物	每吨	1 000 元	
	冶炼渣、粉煤灰、炉渣、其他固体废物（含半固态、液态废物）	每吨	25 元	

（续表）

税目		计税单位	税额	备注
噪声	工业噪声	超标 1～3 分贝	每月 350 元	1. 一个单位边界上有多处噪声超标，根据最高一处超标声级计算应纳税额；当沿边界长度超过 100 米有两处以上噪声超标，按照两个单位计算应纳税额。 2. 一个单位有不同地点作业场所的，应当分别计算应纳税额，合并计征。 3. 昼、夜均超标的环境噪声，昼、夜分别计算应纳税额，累计计征。 4. 声源一个月内超标不足 15 天的，减半计算应纳税额。 5. 夜间频繁突发和夜间偶然突发厂界超标噪声，按等效声级和峰值噪声两种指标中超标分贝值高的一项计算应纳税额。
		超标 4～6 分贝	每月 700 元	
		超标 7～9 分贝	每月 1 400 元	
		超标 10～12 分贝	每月 2 800 元	
		超标 13\15 分贝	每月 5 600 元	
		超标 16 分贝以上	每月 11 200 元	

《环境保护税税目税额表》中所称其他固体废物的具体范围，由省、自治区、直辖市人民政府统筹考虑本地区环境承载能力、污染物排放现状和经济社会生态发展目标要求，在《环境保护税税目税额表》规定的税额幅度内提出，报同级人民代表大会常务委员会决定，并报全国人民代表大会常务委员会和国务院备案。

三、计税依据

（一）应税排放量的计算

应税大气污染物、水污染物、固体废物的排放量和噪声的分贝数，按照下列方法和顺序计算。

1. 自动检测

纳税人安装使用符合国家规定和监测规范的污染物自动监测设备的，按照污染物自动监测数据计算。

2. 监测机构监测

（1）纳税人未安装使用污染物自动监测设备的，按照监测机构出具的符合国家有关规定和监测规范的监测数据计算；纳税人自行对污染物进行监测所获取的监测数据，符合国家有关规定和监测规范的，视同监测机构出具的监测数据。

（2）关于应税大气污染物和水污染物排放量的监测计算问题。

纳税人委托监测机构对应税大气污染物和水污染物排放量进行监测时，其当月同一个排放口排放的同一种污染物有多个监测数据的，应税大气污染物按照监测数据的平均值计算应税污染物的排放量；应税水污染物按照监测数据以流量为权的加权平均值计算应税污染物的排放量。在环境保护主管部门规定的监测时限内当月无监测数据的，可以跨月沿用最近一次的监测数据计算应税污染物排放量。纳入排污许可管理行业的纳税人，其应税污染物排放量的监测计算方法按照排污许可管理要求执行。

因排放污染物种类多等原因不具备监测条件的，纳税人应当按照《关于发布计算污染物排放量的排污系数和物料衡算方法的公告》(原环境保护部公告 2017 第 81 号)的规定计算应税污染物排放量。其中，相关行业适用的排污系数方法中产排污系数为区间值的，纳税人结合实际情况确定具体适用的产排污系数值；纳入排污许可管理行业的纳税人按照排污许可证的规定确定。生态环境部尚未规定适用排污系数、物料衡算方法的，暂由纳税人参照缴纳排污费时依据的排污系数、物料衡算方法及抽样测算方法计算应税污染物的排放量。

3. 排污系数、物料衡算方法计算

因排放污染物种类多等原因不具备监测条件的，按照国务院环境保护主管部门规定的排污系数、物料衡算方法计算：

(1) 纳入排污许可管理的火电等 17 个行业排污单位，适用《纳入排污许可管理的火电等 17 个行业污染物排放量计算方法(含排污系数、物料衡算方法)(试行)》。

(2) 未纳入排污许可管理的锡矿采选业等行业排污单位，适用《未纳入排污许可管理行业适用的排污系数、物料衡算方法(试行)》。

(3) 除前两项外其他行业排污单位的污染物排放量计算方法，由各省级环境保护主管部门参考《关于排污申报与排污费征收有关问题的通知》(环办〔2014〕80 号)等排污费征收相关规定，按照科学合理原则制定，并报生态环境部备案。

【延展阐述】

排污系数，是指在正常技术经济和管理条件下，生产单位产品所应排放的污染物量的统计平均值。物料衡算，是指根据物质质量守恒原理对生产过程中使用的原料、生产的产品和产生的废物等进行测算的一种方法。

4. 核定计算

不能按照本条第一项至第三项规定的方法计算的，按照省、自治区、直辖市人民政府环境保护主管部门规定的抽样测算的方法核定计算。

(二) 四类应税污染物的计税依据

1. 应税大气污染物、应税水污染物的计税依据

应税大气污染物、应税水污染物的环保税计税依据按照污染物排放量折合的污染当量数确定。应税大气污染物、水污染物的污染当量数，以该污染物的排放量除以该污染物的污染当量值计算。每种应税大气污染物、水污染物的具体污染当量值，依照如表3-12所示《应税污染物和当量值表》执行。

表 3-12 应税污染物和当量值表

一、第一类水污染物污染当量值

污染物	污染当量值(千克)	污染物	污染当量值(千克)
1. 总汞	0.000 5	6. 总铅	0.025
2. 总镉	0.005	7. 总镍	0.025
3. 总铬	0.04	8. 苯并(a)芘	0.000 000 3
4. 六价铬	0.02	9. 总铍	0.01
5. 总砷	0.02	10. 总银	0.02

二、第二类水污染物污染当量值

污染物	染污当量值(千克)	备注
11. 悬浮物(SS)	4	
12. 生化需氧量(BOD_5)	0.5	同一排放口中的化学需氧量、生化需氧量和总有机碳,只征收一项。
13. 化学需氧量(COD_{cr})	1	
14. 总有机碳(TOC)	0.49	
15. 石油类	0.1	
16. 动植物油	0.16	
17. 挥发酚	0.08	
18. 总氰化物	0.05	
19. 硫化物	0.125	
20. 氨氮	0.8	
21. 氟化物	0.5	
22. 甲醛	0.125	
23. 苯胺类	0.2	
24. 硝基苯类	0.2	
25. 阴离子表面活性剂(LAS)	0.2	
26. 总铜	0.1	
27. 总锌	0.2	
28. 总锰	0.2	
29. 彩色显影剂(CD-2)	0.2	

（续表）

污染物	染污当量值(千克)	备注
30. 总磷	0.25	
31. 单质磷(以P计)	0.05	
32. 有机磷农药(以P计)	0.05	
33. 乐果	0.05	
34. 甲基对硫磷	0.05	
35. 马拉硫磷	0.05	
36. 对硫磷	0.05	
37. 五氯酚及五氯酚钠(以五氯酚计)	0.25	
38. 三氧甲烷	0.04	
39. 可吸附有机卤化物(AOX)(以Cl计)	0.25	
40. 四氯化碳	0.04	
41. 三氯乙烯	0.04	
42. 四氯乙烯	0.04	
43. 苯	0.02	
44. 甲苯	0.02	
45. 乙苯	0.02	
46. 邻-二甲苯	0.02	
47. 对-二甲苯	0.02	
48. 间-二甲苯	0.02	
49. 氯苯	0.02	
50. 邻二氯苯	0.02	
51. 对二氯苯	0.02	
52. 对硝基氯苯	0.02	
53. 2，4-二硝基氯苯	0.02	
54. 苯酚	0.02	
55. 间-甲酚	0.02	
56. 2，4-二氯酚	0.02	
57. 2，4，6-三氯酚	0.02	

（续表）

污染物	染污当量值(千克)	备注
58. 邻苯二甲酚二丁酚	0.02	
59. 邻苯二甲酸二辛酯	0.02	
60. 丙烯腈	0.125	
61. 总硒	0.02	

三、pH值、色度、大肠菌群数、余氯量水污染物污染当量值

污染物		污染当量值	备注
1. pH值	1. 0—1，13—14	0.06 吨污水	pH值5—6指大于等于5，小于6；pH值9—10指大于9，小于等于10，其余类推。
	2. 1—2，12—13	0.125 吨污水	
	3. 2—3，11—12	0.25 吨污水	
	4. 3—4，10—11	0.5 吨污水	
	5. 4—5，9—10	1 吨污水	
	6. 5—6	5 吨污水	
2. 色度		5 吨水·倍	
3. 大肠菌群数(超标)		3.3 吨污水	大肠菌群数和余氯量只征收一项。
4. 余氯量(用氯消毒的医院废水)		3.3 吨污水	

四、禽畜养殖业、小型企业和第三产业水污染物污染当量值

（本表仅适用于计算无法进行实际监测或者物料衡算的禽畜养殖业、小型企业和第三产业等小型排污者的水污染物污染当量数）

类型		污染当量值	备注
禽畜养殖场	1. 牛	0.1 头	仅对存栏规模大于50头牛、500头猪、5 000羽鸡鸭等的禽畜养殖场征收。
	2. 猪	1 头	
	3. 鸡、鸭等家禽	30 羽	
4. 小型企业		1.8 吨污水	
5. 饮食娱乐服务业		0.5 吨污水	
6. 医院	消毒	0.14 床	医院病床数大于20张的按照本表计算污染当量数。
		2.8 吨污水	
	水消毒	0.07 床	
		1.4 吨污水	

五、大气污染物污染当量值

污染物	污染当量值(千克)
1. 二氯化硫	0.95
2. 氮氧化物	0.95
3. 一氧化碳	16.7
4. 氯气	0.34
5. 氯化氢	10.75
6. 氟化物	0.87
7. 氯化氢	0.005
8. 硫酸雾	0.6
9. 铬酸雾	0.000 7
10. 汞及其化合物	0.000 1
11. 一般性粉尘	4
12. 石棉尘	0.53
13. 玻璃棉尘	2.13
14. 碳黑尘	0.59
15. 铅及其化合物	0.02
16. 镉及其化合物	0.03
17. 铍及其化合物	0.000 4
18. 镍及其化合物	0.13
19. 锡及其化合物	0.27
20. 烟尘	2.18
21. 苯	0.05
22. 甲苯	0.18
23. 二甲苯	0.27
24. 苯并(a)芘	0.000 002
25. 甲醛	0.09
26. 乙醛	0.45
27. 丙烯醛	0.06
28. 甲醇	0.67
29. 酚类	0.35
30. 沥青烟	0.19
31. 苯胺类	0.21
32. 氯苯类	0.72
33. 硝基苯	0.17
34. 丙烯腈	0.22
35. 氯乙烯	0.55
36. 光气	0.04
37. 硫化氢	0.29
38. 氨	9.09
39. 三甲胺	0.32
40. 甲硫醇	0.04
41. 甲硫醚	0.28
42. 二甲二硫	0.28
43. 苯乙烯	25
44. 二硫化碳	20

【温馨提示】

污染当量，是指根据污染物或者污染排放活动对环境的有害程度以及处理的技术经济性，衡量不同污染物对环境污染的综合性指标或者计量单位。同一介质相同污染当量的不同污染物，其污染程度基本相当。污染当量值表示了不同污染物或污染排放量之间的污染危害和处理费用的相对关系。例如，通过查表可得，二硫化碳的污染当量值为20千克，二甲二硫的污染当量值为0.28千克，甲硫醇的污染当量值为0.04千克，则可以理解为:20千克二硫化碳的污染危害和处理费用，相当于0.28千克二甲二硫，相当于0.04千克甲硫醇。由此得出结论:甲硫醇、二甲二硫、二硫化碳的污染危害，依次降低，处理费用也相应递减。排放污染物的污染当量值越低，其造成的污染危害越严重，处理费用也越高，相应需缴纳的环保税也就越高。

（1）污染当量数的计算公式：

应税大气污染物、水污染物的计税依据＝污染当量数＝污染物排放量÷污染当量值

（2）纳税人有下列情形之一的，以其当期应税大气污染物、水污染物的产生量作为污染物的排放量：

① 未依法安装使用污染物自动监测设备或者未将污染物自动监测设备与环境保护主管部门的监控设备联网。

② 损毁或者擅自移动、改变污染物自动监测设备。

③ 篡改、伪造污染物监测数据。

④ 通过暗管、渗井、渗坑、灌注或者稀释排放以及不正常运行防治污染设施等方式违法排放应税污染物。

⑤ 进行虚假纳税申报。

（3）每一排放口或者没有排放口的应税大气污染物，按照污染当量数从大到小排序，对前三项污染物征收环境保护税。对向海洋环境排放大气污染物的，按照每一排放口或者没有排放口的应税污染物排放量折合的污染当量数从大到小排序后的前三项污染物计征。

每一排放口的应税水污染物，按照本法所附《应税污染物和当量值表》，区分第一类水污染物和其他类水污染物，按照污染当量数从大到小排序，对第一类水污染物按照前五项征收环境保护税，对其他类水污染物按照前三项征收环境保护税。对向海洋水体排放生产污水和机舱污水、钻井泥浆（包括水基泥浆和无毒复合泥浆，下同）和钻屑及生活污水的，按照应税污染物排放量折合的污染当量数计征。其中，生产污水和机舱污水，按照生产污水和机舱污水中石油类污染物排放量折合的污染当量数计征；钻井泥浆和钻屑按照泥浆和钻屑中石油类、总镉、总汞的污染物排放量折合的污染当量数计征；生活污水按照生活污水中化学需氧量（COD_{cr}）排放量折合的污染当量数计征。

省、自治区、直辖市人民政府根据本地区污染物减排的特殊需要，可以增加同一排放口征收环境保护税的应税污染物项目数，报同级人民代表大会常务委员会决定，并报全国人民代表大会常务委员会和国务院备案。

（4）关于应税水污染物污染当量数的计算问题。

应税水污染物的污染当量数，以该污染物的排放量除以该污染物的污染当量值计算。其中，色度的污染当量数，以污水排放量乘以色度超标倍数再除以适用的污染当量值计算。畜禽养殖业水污染物的污染当量数，以该畜禽养殖场的月均存栏量除以适用的污染当量值计算。畜禽养殖场的月均存栏量按照月初存栏量和月末存栏量的平均数计算。

2. 应税固体废物的计税依据

(1) 应税固体废物的计税依据，按照固体废物的排放量确定。固体废物的排放量为当期应税固体废物的产生量减去当期应税固体废物的贮存量、处置量、综合利用量的余额。纳税人应当准确计量应税固体废物的贮存量、处置量和综合利用量，未准确计量的，不得从其应税固体废物的产生量中减去。纳税人依法将应税固体废物转移至其他单位和个人进行贮存、处置或者综合利用的，固体废物的转移量相应计入其当期应税固体废物的贮存量、处置量或者综合利用量；纳税人接收的应税固体废物转移量，不计入其当期应税固体废物的产生量。对向海洋水体排放生活垃圾的，按照排放量计征。

固体废物的贮存量、处置量，是指在符合国家和地方环境保护标准的设施、场所贮存或者处置的固体废物数量；固体废物的综合利用量，是指按照国务院发展改革、工业和信息化主管部门关于资源综合利用要求以及国家和地方环境保护标准进行综合利用的固体废物数量。纳税人对应税固体废物进行综合利用的，应当符合工业和信息化部制定的工业固体废物综合利用评价管理规范。

(2) 纳税人非法倾倒应税固体废物或进行虚假纳税申报的，以其当期应税固体废物的产生量作为固体废物的排放量。

3. 应税噪声的计税依据

工业噪声按超过国家规定标准的分贝数确定每月税额，超过国家规定标准的分贝数是指实际产生的工业噪声与国家规定的工业噪声排放标准限值之间的差值。

(三) 排污口的规定

从两个以上排放口排放应税污染物的，对每一排放口排放的应税污染物分别计算征收环境保护税；纳税人持有排污许可证的，其污染物排放口按照排污许可证载明的污染物排放口确定。

四、应纳税额的计算

(1) 应税大气污染物、应税水污染物的应纳税额为污染当量数乘以具体适用税额。

(2) 应税固体废物的应纳税额为固体废物排放量乘以具体适用税额。

(3) 应税噪声的应纳税额为超过国家规定标准的分贝数对应的具体适用税额。噪声超标分贝数不是整数值的，按四舍五入取整。

① 一个单位边界上有多处噪声超标，根据最高一处超标声级计算应纳税额。当沿边界长度超过 100 米有两处以上噪声超标，按照两个单位计算应纳税额。

② 一个单位有不同地点作业场所的，应当分别计算应纳税额，合并计征。

③ 昼、夜均超标的环境噪声，昼、夜分别计算应纳税额，累计计征。

④ 声源一个月内累计昼间超标不足 15 昼或者累计夜间超标不足 15 夜的，分别减半计算应纳税额。

⑤ 夜间频繁突发和夜间偶然突发厂界超标噪声，按等效声级和峰值噪声两种指标中超标分贝值高的一项计算应纳税额。

（4）海洋工程纳税人的特殊规定。

① 纳税人应当使用符合国家环境监测、计量认证规定和技术规范的污染物流量自动监控仪器对大气污染物和水污染物的排放进行计量，其计量数据作为应税污染物排放数量的依据。

纳税人对生活垃圾排放量应当建立台账管理，留存备查。

② 从事海洋石油勘探开发生产的纳税人，应当按规定对生产污水和机舱污水的含油量进行检测，并使用化学需氧量（COD_{cr}）自动检测仪对生活污水的化学需氧量（COD_{cr}）进行检测。其检测值作为计算应税污染物排放量的依据。

③ 纳税人应当留取钻井泥浆和钻屑的排放样品，按规定定期进行污染物含量检测，其检测值作为计算应税污染物排放量的依据。

【案例解说1】

某企业9月向大气直接排放二氧化硫、氮氧化物各10千克，一氧化碳、氯气各100千克，假设大气污染物每污染当量税额按1.2元计算，该企业只有一个排放口。请计算该企业8月排放大气污染物应缴纳的环境保护税税额（计算结果保留两位小数）。

（1）查《应税污染物和当量值表》，计算各污染物的污染当量数：

二氧化硫：10÷0.95＝10.53。

氮氧化物：10÷0.95＝10.53。

一氧化碳：100÷16.7＝5.99。

氯气：100÷0.34＝294.12。

（2）将各污染物的污染当量数从大到小排序，选取前三项污染物征税：

氯气＞二氧化硫＝氮氧化物＞一氧化碳

（3）计算应纳税额：

氯气：294.12×1.2＝352.94（元）。

二氧化硫：10.53×1.2＝12.64（元）。

氮氧化物：10.53×1.2＝12.64（元）。

应纳税额合计＝352.94＋12.64＋12.64＝378.22（元）。

【案例解说2】

假设某企业9月产生煤矸石1 000吨，其中，综合利用煤矸石300吨（符合国家和地方环境保护标准），处置了煤矸石100吨（符合国家和地方环境保护标准），在符合国家和地方环境保护标准的设施贮存200吨。请计算该企业8月产生煤矸石应缴纳的环境保护税。

$$应纳税额=(1\ 000-300-100-200)\times 5=2\ 000(元)$$

【案例解说3】

甲化工厂是环境保护税纳税人,该厂仅有1个污水排放口且直接向黄河排放污水,已安装使用符合国家规定和监测规范的污染物自动监测设备。检测数据显示,2018年1月份,该排放口共排放污水5万吨(折合5万立方米),应税污染物为六价铬,浓度为:六价铬0.5 mg/L。请计算该化工厂1月份应当缴纳的环境保护税(该厂所在省的水污染物税率为3元/污染当量,六价铬的污染当量值为0.02)。

计算过程:

(1) 计算污染当量数:

$$\begin{aligned}六价铬污染当量数&=1月份排放总量\times浓度值\div当量值\\&=5\ 000\ 0000\times 0.5\div 1\ 000\ 000\div 0.02\\&=1\ 250\end{aligned}$$

(2) 应纳环境保护税=1 250×3=3 750(元)

五、税收减免

(一) 免征规定

下列情形,暂予免征环境保护税:

(1) 农业生产(不包括规模化养殖)排放应税污染物的。

(2) 机动车、铁路机车、非道路移动机械、船舶和航空器等流动污染源排放应税污染物的。

(3) 依法设立的城乡污水集中处理、生活垃圾集中处理场所排放相应应税污染物,不超过国家和地方规定的排放标准的。

(4) 纳税人综合利用的固体废物,符合国家和地方环境保护标准的。

(5) 国务院批准免税的其他情形,由国务院报全国人民代表大会常务委员会备案。

(二) 减征规定

纳税人排放应税大气污染物或者水污染物的浓度值低于国家和地方规定的污染物排放标准30%的,减按75%征收环境保护税。纳税人排放应税大气污染物或者水污染物的浓度值低于国家和地方规定的污染物排放标准50%的,减按50%征收环境保护税。

(1) 废水或废气中某污染物的排放量=单位时间废水或废气的排放量×某污染物的排放浓度×污染物排放时间。

(2) 应税大气污染物或者水污染物的浓度值,是指纳税人安装使用的污染物自动监测设备当月自动监测的应税大气污染物浓度值的小时平均值再平均所得数值或者应税水污染物浓度值的日平均值再平均所得数值，或者监测机构当月监测的应税大气污染物、水污染物浓度值的平均值。

(3) 依照本规定减征环境保护税的，应税大气污染物浓度值的小时平均值或者应税水污染物浓度值的日平均值，以及监测机构当月每次监测的应税大气污染物、水污染物的浓度值，均不得超过国家和地方规定的污染物排放标准。

(4) 依照本规定减征环境保护税的，应当对每一排放口排放的不同应税污染物分别计算。

六、申报与缴纳

(一) 纳税义务发生的时间

纳税人环境保护税纳税义务发生的时间为排放应税污染物的当日。

(二) 纳税地点

纳税人应当向应税污染物排放地的税务机关申报缴纳环境保护税。应税污染物排放地是指：

(1) 应税大气污染物、水污染物排放口所在地。

(2) 应税固体废物产生地。

(3) 应税噪声产生地。

纳税人跨区域排放应税污染物，税务机关对税收征收管辖有争议的，由争议各方按照有利于征收管理的原则协商解决；不能协商一致的，报请共同的上级税务机关决定。

海洋工程环境保护税由纳税人所属海洋石油税务(收)管理分局负责征收。纳税人同属两个海洋石油税务(收)管理分局管理的，由国家税务总局确定征收机关。纳税人运回陆域处理的海洋工程应税污染物，应当按照《环境保护税法》及其相关规定，向污染物排放地税务机关申报缴纳环境保护税。

(三) 申报期限

环境保护税按月计算，按季申报缴纳。不能按固定期限计算缴纳的，可以按次申报缴纳。

纳税人按季申报缴纳的，应当自季度终了之日起 15 日内，向税务机关办理纳税申报并缴纳税款。纳税人按次申报缴纳的，应当自纳税义务发生之日起 15 日内，向税务机关办理纳税申报并缴纳税款。

纳税人申报缴纳时，应当向税务机关报送所排放应税污染物的种类、数量，大气污染物、水污染物的浓度值，以及税务机关根据实际需要要求纳税人报送的其他纳税资料。纳税人应当依法如实办理纳税申报，对申报的真实性和完整性承担责任。

第十一节　城市维护建设税

城市维护建设税是对从事工商经营,缴纳消费税、增值税、营业税(2016 年 5 月 1 日起已取消)的单位和个人征收的一种税。

城市维护建设税的纳税人是在征税范围内从事工商经营,并缴纳消费税、增值税的单位和个人,包括外商投资企业和外国企业及外籍个人。

一、征税范围

城市维护建设税的征收范围包括城市、县城、建制镇,以及税法规定征收增值税、消费税的其他地区。关于市区、县城、镇的范围,应按行政区划作为划分标准。

个体商贩及个人在集市上出售商品,对其征收临时经营增值税,是否同时按其实缴税额征收城市维护建设税,由各省、自治区、直辖市人民政府根据实际情况确定。

二、应纳税额的计算

(一) 计税依据

城市维护建设税的计税依据是纳税人实际缴纳的消费税、增值税税额。

【延展阐述】

(1) 纳税人在被查补增值税、消费税和被处以罚款时,依照城市维护建设税暂行条例第五条规定,应同时对其偷漏的城市维护建设税进行补税和罚款;增值税、消费税的滞纳金和罚款,不作城市维护建设税的计税依据。

(2) 对出口产品退还产品税、增值税的,不退还已纳的城市维护建设税。对由于减免产品税、增值税而发生的退税,同时退还已纳的城市维护建设税。经国家税务局正式审核批准的当期免抵的增值税税额应纳入城市维护建设税和教育费附加的计征范围,分别按规定的税(费)率征收城市维护建设税和教育费附加。

(二) 税率

城市维护建设税实行地区差别比例税率,共分三档,如表 3-13 所示。

表 3-13　城市建设维护税税率

档次	纳税人所在地	税率
1	城市市区	7%
2	县城、建制镇	5%
3	不在城市市区、县城、建制镇	1%

【延展阐述】

(1) 开采海洋石油资源的中外合作油(气)田所在地在海上,其城市维护建设税适用1%税率。

(2) 撤县建市后,城市维护建设税适用税率为 7%。纳税人所在地在市区以外其他镇的,城市维护建设税适用税率仍为 5%。

(3) 中国铁路总公司应纳城市维护建设税的税率统一为 5%。

(4) 由受托方代收、代扣增值税、消费税的:以扣缴义务人所在地税率计算代收、代扣城市维护建设税。

(5) 流动经营等无固定纳税地点的:按纳税人缴纳增值税、消费税所在地的规定税率就地缴纳城市维护建设税。

(6) 纳税单位或个人缴纳城市维护建设税的适用税率,一律按其纳税所在地的规定税率执行。县政府设在城市市区,其在市区办的企业,按市区的规定税率计算纳税。纳税人所在地为工矿区的,依照城市维护建设税暂行条例第四条规定,应根据行政区划分别按照 7%、5%、1%的税率缴纳城市维护建设税。

(7) 纳税人跨地区提供建筑服务、销售和出租不动产的,应在建筑服务发生地、不动产所在地预缴增值税时,以预缴增值税税额为计税依据,并按预缴增值税所在地的城市维护建设税适用税率和教育费附加征收率就地计算缴纳城市维护建设税和教育费附加。

预缴增值税的纳税人在其机构所在地申报缴纳增值税时,以其实际缴纳的增值税税额为计税依据,并按机构所在地的城市维护建设税适用税率和教育费附加征收率就地计算缴纳城市维护建设税和教育费附加。

(三) 计算公式

应纳税额=(实际缴纳的增值税额+实际缴纳的消费税额)×适用税率

【案例解说】

某市一卷烟厂委托某县城一烟丝加工厂加工一批烟丝,委托方提供烟叶成本为60 000元,支付加工费 8 000 元(不含增值税),受托方无同类烟丝的市场销售价格。计算受托方应代收代缴的城市维护建设税。(烟丝消费税税率 30%)

由受托方代收、代扣增值税、消费税的单位和个人，按纳税人缴纳增值税、消费税所在地的规定税率就地缴纳城市维护建设税。本题丝加工厂所在地为县城，按税率5%缴纳城市维护建设税。

受托方代收代缴消费税=(60 000+8 000)÷(1-30%)×30%=29 142.86(元)

代收代城市维护建设税=29 142.86×5%=1 457.14(元)

三、减免税规定

(1) 海关对进口产品代征增值税、消费税的，不征收城市维护建设税。

(2) 增值税、消费税减免，城市维护建设税也减免；增值税、消费税实行先征后返、先征后退、即征即退办法的，除另有规定外，对随增值税、消费税征收的城市维护建设税和教育费附加一律不予退(返)还。

(3) 对国家重大水利工程建设基金，免城市维护建设税。

(4) 城市维护建设税是以增值税、消费税的纳税额作为计税依据并同时征收的，故不应予以减免税。但对个别纳税确有困难的，可由省、市、自治区人民政府酌情予以减免税照顾。

(5) 对持《就业创业证》(注明"自主创业税收政策"或"毕业年度内自主创业税收政策")或《就业失业登记证》(注明"自主创业税收政策"或附着《高校毕业生自主创业证》)的人员从事个体经营的，在3年内按每户每年8 000元为限额依次扣减其当年实际应缴纳的增值税、城市维护建设税、教育费附加、地方教育附加和个人所得税。限额标准最高可上浮20%，各省、自治区、直辖市人民政府可根据本地区实际情况在此幅度内确定具体限额标准，并报财政部和税务总局备案。

对商贸企业、服务型企业、劳动就业服务企业中的加工型企业和街道社区具有加工性质的小型企业实体，在新增加的岗位中，当年新招用在人力资源社会保障部门公共就业服务机构登记失业半年以上且持《就业创业证》或《就业失业登记证》(注明"企业吸纳税收政策")人员，与其签订1年以上期限劳动合同并依法缴纳社会保险费的，在3年内按实际招用人数予以定额依次扣减增值税、城市维护建设税、教育费附加、地方教育附加和企业所得税优惠。定额标准为每人每年4 000元，最高可上浮30%，各省、自治区、直辖市人民政府可根据本地区实际情况在此幅度内确定具体定额标准，并报财政部和税务总局备案。

上述税收优惠政策执行期限为2017年1月1日至2019年12月31日，按照备案减免税管理，纳税人应向主管税务机关备案。税收优惠政策在2019年12月31日未享受满3年的，可继续享受至3年期满为止。

(6) 对自主就业退役士兵从事个体经营的，在3年内按每户每年8 000元为限额依次扣减其当年实际应缴纳的增值税、城市维护建设税、教育费附加、地方教育附加和个人所得税。限额标准最高可上浮20%，各省、自治区、直辖市人民政府可根据本地区实际情况况在此幅度内确定具体限额标准，并报财政部和税务总局备案。

对商贸企业、服务型企业、劳动就业服务企业中的加工型企业和街道社区具有加工性质的小型企业实体，在新增加的岗位中，当年新招用自主就业退役士兵，与其签订1年以上期限劳动合同并依法缴纳社会保险费的，在3年内按实际招用人数予以定额依次扣减增值税、城市维护建设税、教育费附加、地方教育附加和企业所得税优惠。定额标准为每人每年4 000元，最高可上浮50%，各省、自治区、直辖市人民政府可根据本地区实际情况在此幅度内确定具体定额标准，并报财政部和税务总局备案。

上述税收优惠政策执行期限为2017年1月1日至2019年12月31日，按照备案减免税管理，纳税人应向主管税务机关备案。税收优惠政策在2019年12月31日未享受满3年的，可继续享受至3年期满为止。

四、申报与缴纳

城市维护建设税的征收、管理、纳税环节、奖罚等事项，比照增值税、消费税的有关法规办理。

代征、代扣、代缴增值税、消费税的企业单位，同时代征、代扣、代缴城市维护建设税。

第四章

基金费附加

第一节　废弃电器电子产品处理基金

废弃电器电子产品处理基金(以下简称基金)是国家为促进废弃电器电子产品回收处理而设立的政府性基金。

一、缴纳义务人

电器电子产品生产者、进口电器电子产品的收货人或者其代理人应当按照规定履行基金缴纳义务。

【延展阐述】

电器电子产品生产者包括自主品牌生产企业和代工生产企业。

二、计算标准

基金分别按照电器电子产品生产者销售、进口电器电子产品的收货人或者其代理人进口的电器电子产品数量定额征收。

基金缴纳义务人销售或受托加工生产相关电器电子产品，按照从量定额的办法计算应缴纳基金。应缴纳基金的计算公式为：

应缴纳基金＝销售数量(受托加工数量)×征收标准

【温馨提示】

基金缴纳义务人应当准确核算购进和委托加工收回的已缴纳基金的电器电子产品数量，不能准确核算的，按实际销售数量征收基金。

三、申报与缴纳

电器电子产品生产者按季申报缴纳基金。

基金缴纳义务人自季度终了之日起15日内申报缴纳基金，向主管税务机关报送《废弃电器电子产品处理基金申报表》。

基金缴纳义务的发生时间按照如下要求确定：

（1）基金缴纳义务人销售电器电子产品的，按不同的销售结算方式分别为：

① 采取赊销和分期收款结算方式的，为书面合同约定的收款日期的当天，书面合同没有约定收款日期或者无书面合同的，为发出电器电子产品的当天。

② 采取预收货款结算方式的，为发出电器电子产品的当天。

③ 采取托收承付和委托银行收款方式的，为发出电器电子产品并办妥托收手续的当天。

④ 采取其他结算方式的，为收讫销售款或者取得索取销售款凭据的当天。

（2）受托加工应征基金产品，基金缴纳义务人只收取加工费的，为委托方提货的当天。

（3）基金缴纳义务人将应征基金产品用于生产非应征基金产品、在建工程、管理部门、非生产机构、提供劳务、馈赠、赞助、集资、广告、样品、职工福利、奖励等方面，为移送使用的当天。

（4）基金缴纳义务人以委托代销方式销售应征基金产品的，为收到代销单位的代销清单或者收到全部或者部分货款的当天。未收到代销清单及货款的，为发出应征基金产品满180天的当天。

【延展阐述】

销售，是指通过从购买方取得货物、货币或其他经济利益转让应征基金产品所有权。

基金缴纳义务人受托加工生产应征基金产品的，不论原料和主要材料由何方提供，不论在财务上是否做销售处理，均由受托方缴纳基金。

电器电子产品生产者生产用于出口的电器电子产品免征基金。

电器电子产品生产者进口电器电子产品已缴纳基金的，国内销售时免征基金。

基金缴纳义务人购进或者收回委托加工电器电子产品已缴纳基金的，从应征基金产品销售数量中扣除；不足扣除部分，可留待下期继续扣除。

第二节　文化事业建设费

文化事业建设费是为进一步完善文化经济政策，拓展文化事业资金投入渠道而对广告、娱乐行业开征的一种规费。

一、缴纳义务人

文化事业建设费的缴纳义务人，是在中华人民共和国境内提供广告服务的广告媒介单位和户外广告经营单位以及提供娱乐服务的单位和个人。

中华人民共和国境外的广告媒介单位和户外广告经营单位在境内提供广告服务，在境内未设有经营机构的，以广告服务接受方为文化事业建设费的扣缴义务人。

【延展阐述】

广告媒介单位和户外广告经营单位，是指发布、播映、宣传、展示户外广告和其他广告的单位，以及从事广告代理服务的单位。

二、费率

提供广告服务和娱乐服务的缴纳义务人以取得的计费销售额和3%的费率计算应缴费额，计算公式如下：

应缴费额＝计费销售额×3%

按规定扣缴文化事业建设费的，扣缴义务人应按下列公式计算应扣缴费额：

应扣缴费额＝支付的广告服务含税价款×费率

【延展阐述】

(1) 提供广告服务的计费销售额，为缴纳义务人提供广告服务取得的全部含税价款和价外费用，减除支付给其他广告公司或广告发布者的含税广告发布费后的余额。

缴纳义务人减除价款的，应当取得增值税专用发票或国家税务总局规定的其他合法有效凭证，否则，不得减除。

(2) 提供娱乐服务的计费销售额，为缴纳义务人提供娱乐服务取得的全部含税价款和价外费用。

三、申报与缴纳

(一) 缴纳义务发生时间

文化事业建设费的缴纳义务发生时间，与缴纳义务人的增值税纳税义务发生时间相同。

(二) 缴纳地点

文化事业建设费的缴纳地点，与缴纳义务人的增值税纳税地点相同。

文化事业建设费的扣缴义务人应当向其机构所在地或者居住地主管税务机关申报缴纳其扣缴的文化事业建设费。

(三) 缴纳期限

文化事业建设费的缴纳期限与缴纳义务人的增值税纳税期限相同。

四、文化事业建设费优惠

对按月纳税的月销售额或营业额不超过 3 万元(含 3 万元)，以及按季纳税的季度销售额或营业额不超过 9 万元(含 9 万元)的缴纳义务人，免征文化事业建设费。

第三节 教育费附加

教育费附加是对缴纳增值税、消费税的单位和个人，就其实际缴纳的税额为计算依据征收的一种附加费。包括外商投资企业和外国企业及外籍个人。

一、征收范围

教育费附加的缴费人是在征税范围内从事工商经营，并缴纳消费税、增值税的单位和个人，包括外商投资企业和外国企业及外籍个人。

二、征收标准

教育费附加以各单位和个人实际缴纳的增值税、消费税的税额为计征依据，附加率为 3%，分别与增值税、营业税、消费税同时缴纳。

地方教育附加征收标准统一为单位和个人(包括外商投资企业、外国企业及外籍个人)实际缴纳的增值税和消费税税额的 2%。

三、计算公式

教育费附加=(实纳增值税+实纳消费税)×征收比率

四、减免税规定

(1) 海关对进口产品代征增值税、消费税的，不征收教育费附加、地方教育附加。

(2) 增值税、消费税减免，教育费附加也减免；增值税、消费税实行先征后返、先征后退、即征即退办法的，除另有规定外，对随增值税、消费税征收的城市维护建设税和教育费附加一律不予退(返)还。

(3) 对持《就业创业证》(注明“自主创业税收政策”或“毕业年度内自主创业税收政策”)或《就业失业登记证》(注明“自主创业税收政策”或附着《高校毕业生自主创业证》)的人员从事个体经营的，在3年内按每户每年8 000元为限额依次扣减其当年实际应缴纳的增值税、城市维护建设税、教育费附加、地方教育附加和个人所得税。限额标准最高可上浮20%，各省、自治区、直辖市人民政府可根据本地区实际情况在此幅度内确定具体限额标准，并报财政部和税务总局备案。

对商贸企业、服务型企业、劳动就业服务企业中的加工型企业和街道社区具有加工性质的小型企业实体，在新增加的岗位中，当年新招用在人力资源社会保障部门公共就业服务机构登记失业半年以上且持《就业创业证》或《就业失业登记证》(注明“企业吸纳税收政策”)人员，与其签订1年以上期限劳动合同并依法缴纳社会保险费的，在3年内按实际招用人数予以定额依次扣减增值税、城市维护建设税、教育费附加、地方教育附加和企业所得税优惠。定额标准为每人每年4 000元，最高可上浮30%，各省、自治区、直辖市人民政府可根据本地区实际情况在此幅度内确定具体定额标准，并报财政部和税务总局备案。

上述税收优惠政策执行期限为2017年1月1日至2019年12月31日，按照备案减免税管理，纳税人应向主管税务机关备案。税收优惠政策在2019年12月31日未享受满3年的，可继续享受至3年期满为止。

(4) 对自主就业退役士兵从事个体经营的，在3年内按每户每年8 000元为限额依次扣减其当年实际应缴纳的增值税、城市维护建设税、教育费附加、地方教育附加和个人所得税。限额标准最高可上浮20%，各省、自治区、直辖市人民政府可根据本地区实际情况在此幅度内确定具体限额标准，并报财政部和税务总局备案。

对商贸企业、服务型企业、劳动就业服务企业中的加工型企业和街道社区具有加工性质的小型企业实体，在新增加的岗位中，当年新招用自主就业退役士兵，与其签订1年以上期限劳动合同并依法缴纳社会保险费的，在3年内按实际招用人数予以定额依次扣减增值税、城市维护建设税、教育费附加、地方教育附加和企业所得税优惠。定额标准为每人每年 4 000 元，最高可上浮 50%，各省、自治区、直辖市人民政府可根据本地区实际情况在此幅度内确定具体定额标准，并报财政部和税务总局备案。

上述税收优惠政策执行期限为 2017 年 1 月 1 日至 2019 年 12 月 31 日，按照备案减免税管理，纳税人应向主管税务机关备案。税收优惠政策在 2019 年 12 月 31 日未享受满 3 年的，可继续享受至 3 年期满为止。

（5）国家重大水利工程建设基金免征教育费附加。

（6）将免征教育费附加、地方教育附加、水利建设基金的范围，由现行按月纳税的月销售额或营业额不超过 3 万元（按季度纳税的季度销售额或营业额不超过 9 万元）的缴纳义务人，扩大到按月纳税的月销售额或营业额不超过 10 万元（按季度纳税的季度销售额或营业额不超过 30 万元）的缴纳义务人。

【案例解说】

某生产企业坐落在市区，2016 年 10 月销售货物已缴纳增值税 15 万元。当月转让一块位于市区的土地使用权，选择简易办法纳税，取得收入 2 800 万元，该土地系 2015 年 10 月抵债所得，抵债时作价 1 000 万元。

$$\text{该企业当月应纳城市维护建设税和教育费附加} = [15 + (2\,800 - 1\,000) \div (1 + 5\%) \times 5\%] \times (7\% + 3\%)$$

$$= 10.07(\text{万元})$$